数智商贸新形态一体化系列教材

农产品电商运营

杨　凡　潘志锋◎主　编
义　美　黎　静　朱小妹◎副主编

中国铁道出版社有限公司
CHINA RAILWAY PUBLISHING HOUSE CO., LTD.

内 容 简 介

本书为数智商贸新形态一体化系列教材之一，通过丰富的理论铺垫与案例分析，详细介绍了农村电商与农产品电商、农产品电商运营的整体思维与常用策略、农产品运营前期准备、农产品开发、农产品供应链管理、农产品电商运营技能要求、农产品短视频营销实战、农产品直播运营实战等内容。 本书所有知识点都结合具体的案例和相关理论进行讲解，以便于读者理解和掌握。

本书适合作为应用型本科院校、高等职业院校电子商务类、工商管理类等专业的教材，也可作为农产品电商运营培训教材，还可作为从事农产品电商运营、新媒体运营等相关工作的社会大众的自学或参考用书。

图书在版编目（CIP）数据

农产品电商运营 / 杨凡，潘志锋主编. -- 北京 : 中国铁道出版社有限公司，2024. 8. --（数智商贸新形态一体化系列教材）. -- ISBN 978-7-113-31429-3

Ⅰ. F724.72

中国国家版本馆CIP数据核字第2024WJ6034号

书　　名：**农产品电商运营**
作　　者：杨　凡　潘志锋

策　　划：曹莉群　　　　**编辑部电话：**（010）51873135
责任编辑：谢世博　包　宁
封面设计：高博越
责任校对：安海燕
责任印制：樊启鹏

出版发行：中国铁道出版社有限公司（100054，北京市西城区右安门西街8号）
网　　址：https://www.tdpress.com/51eds/
印　　刷：河北宝昌佳彩印刷有限公司
版　　次：2024年8月第1版　2024年8月第1次印刷
开　　本：787 mm×1 092 mm　1/16　印张：11　字数：253千
书　　号：ISBN 978-7-113-31429-3
定　　价：36.00元

前言

为深入贯彻党的二十大精神，落实2024年中央一号文件部署，推动农村电商高质量发展，服务构建新发展格局，商务部等九部门发布了《关于推动农村电商高质量发展的实施意见》。意见中提出："发展农村电商，是创新商业模式、建设农村现代流通体系的重要举措，是转变农业发展方式、带动农民增收的有效抓手，是促进农村消费、满足人民对美好生活向往的有力支撑。"

随着互联网的快速发展和人们对高品质农产品需求的增加，农产品电商在过去几年间迅速崛起并获得了大众的广泛关注，并以其方便快捷的购物体验和优质的产品质量逐渐成为农产品行业备受关注的对象。传统农产品市场存在诸如信息不对称、流通环节多、价格波动大、质量无法保证等问题，给消费者的购买带来了很大的困扰。而农产品电商通过整合农产品供应链、提供直供服务、实行标准化管理等方式，为消费者提供了丰富多样的选择，能够满足他们对农产品的各种需求。

本书以编者多年从事农产品电子商务运营实践的积累为基础，从实用角度全面阐述了农产品电子商务运营的宏观环境、政策与法律法规、运营思维、常规化运营、特色化运营、运营的新科技、运营新趋势等内容，侧重介绍数字经济时代农产品电子商务经营的新思路、新方法和新策略。书中穿插大量鲜活案例，内容丰富、思路前瞻，指导性强、可读性强，可为新农人和农产品电子商务从业者提供较好的运营指导。通过对本书的学习，读者能够熟悉农产品的定义、分类和质量评估标准，明确农产品电商运营常见的平台与模式；能够注册并开通不同农产品营销平台账号，搭建营销矩阵，在各营销渠道下完成商品发布、订单管理等日常维护工作；能够掌握农产品电商客户服务方法和技巧，及时地回复客户咨询，促成农产品交易；能够掌握农产品电商平台常见的营销方法和策略，根据策划方案进行农产品营销；能够撰写农产品营销图文，利用各类社交媒体平台和工具发布营销内容，执行营销活动；能够掌握农产品直播和短视频营销的作业流程，做好农产品直播、短视频营销的策划、预热、平台运营、客户问题解答、拍摄协助等执行工作，统计结果数据并展开初步分析，提出优化建议。

本书注重理论与实践相结合，通过实例和案例分析，帮助读者将所学的知识应用到实际情境中。同时帮助读者巩固理论知识，并培养独立思考和问题解决能力。

本书能为读者提供农产品运营等方面的基础知识和实践指导，帮助应用型本科院校、高等职业院校电子商务类、工商管理类专业的学生掌握农产品电商运营领域知识。本书所有知识点都结合具体的案例和相关理论进行讲解，便于读者理解和掌握。

本书由杨凡、潘志锋任主编，义美、黎静、朱小妹任副主编。

由于时间仓促、编者水平有限，加之电商运营技术高速发展，书中疏漏和不当之处在所难免，敬请广大读者批评指正，我们将持续更新教材内容，更好地服务于农产品电商运营人才培养。

编　者

2024年3月

目录

项目1 农村电商与农产品电商

学习目标

【知识目标】

◎ 了解农村电商的定义；

◎ 熟悉农村电商的特点；

◎ 了解农村电商当前面临的挑战和机遇；

◎ 了解农产品电商的作用；

◎ 掌握农产品电商的运营模式；

◎ 熟悉农产品电商的团队管理。

【能力目标】

◎ 熟悉农产品电商的运营流程和营销重点；

◎ 根据农产品特性组织策划相应的活动。

【素质目标】

◎ 了解农村电商和其他电商的区别，培养真正致力于发展农村经济、带动农民富裕的实践能力；

◎ 树立明确的底线意识和法律意识，自觉抵制电商直播中的负面现象。

项目概述

【情境描述】

李明是一名刚毕业的大学生，在大城市找了一段时间工作后，发现大城市节奏快、内卷严重、没有归属感的生活并不适合自己，那些门槛低的重复性工作也让他感到不适。他想去一个自然环境优美、生活节奏相对较慢的地方发展，但又担心年轻人回农村会被人看不起。这时，他在网上看到了浙江象山白鹅的农产品直播，他发现有那么一批志同道合的年轻人致力于发掘自己家乡的农产品特色和文化，让农产品能够产业化，其中不乏名牌大学毕业的博士生。于是，他也想从事农村电商，凭借互联网的东风，在发展农村经济的同时实现自身的价值。

【场景案例】

"数商兴农"振兴乡村　创业创新建设新农村

在2023年10月13日举行的第三届中国新电商大会开幕式暨主论坛上，《中国新电商发展报告2023》（以下简称《报告》）发布。该《报告》指出，2023年我国电子商务坚持创新驱动，全国电子商务交易额达50.57万亿元，网上零售额达15.42万亿元，实物商品网络零售额占社会消费品零售额比重增至27.6%；2023年，全国农村网络零售额达2.49万亿元，同比增长12.9%，比2014年增长近13倍；全国农产品网络零售额达5 870.3亿元，同比增长12.5%，约是2014年的5倍。

从农村电商相关数据分析，农村电商更多集中在实物销售，如纺织品、日用品和家具，而农产品网络零售中，排名前三的农产品则是休闲食品、粮油和茶叶，分别占农产品网络零售额的20.0%、15.4%和11.5%，另外，奶类、茶叶和调味品也实现了较高增速。

2023年，中央一号文件对新发展阶段优先发展农业农村、全面推进乡村振兴作出总体部署，强调了电子商务是助力乡村振兴的重要手段，是促进农产品销售的重要途径。另一方面，农村居民也可以通过电商接触到国内丰富、多元的消费大市场，在线教育、在线问诊、餐饮外卖、在线旅游、在线休闲娱乐等发展迅速。

在电商链接农村的大背景下，手机成为新农具，直播成为新农活，数据成为新农资。一大批大学生、企业家、退役军人等人才加速返乡就业创业，扎根在田间地头，成为推动乡村发展的坚实力量：湖北恩施燕窝湾村第一书记徐志新做助农主播，月销售额达600多万元；深圳打工归来的吴秋月将家乡的高山萝卜干做到月销十多万斤，被聘为“泸州城市宣传官”；80后李春望5 000元起家，如今年销售8亿元，创办“西域美农”，也因此被称为“农产品明星经纪人”；95后的田小宇在福建大山里卖菌菇，带动村里其他菌菇种植户收入翻番；还有网红“张同学”也转型电商，助力家乡的农特产和企业……

【课堂讨论】

1．分享你认为做得很好的农产品电商。

2．你的家乡有哪些产品可以通过电商推广？

思维导图

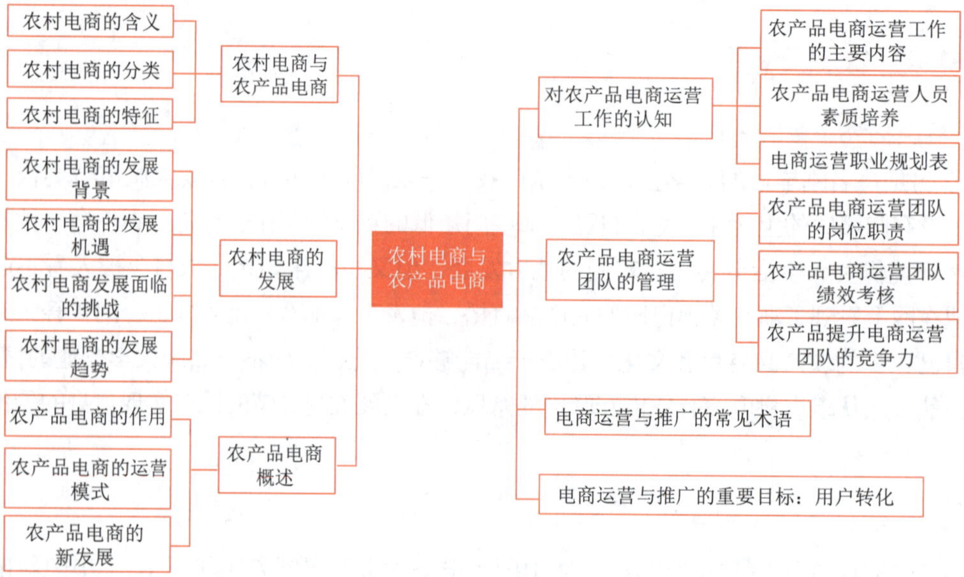

知识准备

在我国全面建成小康社会的时代背景下，农村的发展成为缩短贫富差距、实现共同富裕的关键。农村电商因其销售主体、销售内容、销售客体的不同，而有必要同一般电商区别开来。而其中发挥重要作用的农产品电商也影响着未来农业、农村、农民的发展。本项目主要简述农村电商和农产品电商的相关知识、分析农村电商和农产品电商的发展前景，从农产品电商的人才培养、团队搭建以及运营模式等搭建农产品电商的实践环节。

1.1 农村电商与农产品电商

党的十九大报告将农业、农村、农民问题（“三农”问题）定义为关系国计民生的根本性问题，解决好“三农”问题，实施乡村振兴战略将是未来发展的重点。将互联网思维引入农村发展、农产品销售并不只是简单地将城市电商的那一套照搬挪用到农村电商上，而是从农业发展的行业特性、农村地理位置的特点以及农民群体卷入互联网程度出发做全盘布局，这也造就了农村电商的特殊性和农产品电商的现实性。

1.1.1 农村电商的含义

简单来看，农村电商就是用“互联网+”的思维去发展农业，这也是当前国内很多学者对农村电商界定的共性，但对于具体实践的范围还存在一些分歧。

首先是农村电商所指涉的地理范围。既然是农村电商，那么定位于农村地区的电商服务似乎最为准确，然而互联网经济早就将地理界限模糊化，农产品也许是农村特有，但其加工、制造、包装、销售却和城市工业有着或多或少的联系。而且农村电商的物流流向不只是从农村向城市，农民也需要通过电子商务购买城市消费品。因此，将农村电商狭隘地界定在农村范围内发生的电子商务活动，和当前的全球互联大趋势相违背。

其次是农村电商所覆盖的行业范围。虽然农村电商重点旨在解决农业发展、降低农业产业运营成本、实现农民增收，但实现农村地区的资源整合，提高农村产业集群高质量发展，势必涉及农村地区一、二、三产业的融合发展，农业、工业、商业等都应该纳入农村电商的覆盖范围才能为农村电商的发展提供更加完善、可行的方案。

最后是农村电商所涉及的人群。农村电商主要的服务对象是农民，但在电商经济发展中，商品流向决定了农民既可能是销售主体，也可能是销售客体，既是市场的上游，也可能是市场的下游。简单地把农民作为农村电商的主体，可能会忽视农民作为乙方、享受市场提供服务的权利。

综合以上观点，本书认为农村电商是指以数字化、信息化的技术手段，借助各大互联网平台，通过市场运作、政策调控等方式，实现跨区域跨行业联合，使各种资源向农村地区倾斜，从而惠及农民，推动农村现代化发展，构建农村经济发展新体系的商务活动。

1.1.2 农村电商的分类

电子商务的产生与发展是互联网、移动互联技术快速发展及其在商贸领域广泛应用的结果，买卖双方无须谋面便可直接借助网络技术进行便捷交易、支付、服务等商贸活动。因此，对电子商务的类型划分，可以按照其参与商贸活动的市场主体来进行，主要可以分为企业与消费者间电子商务（B2C）、企业间电子商务（B2B）、消费者间电子商务（C2C）、企业与政府间电子商务（B2G）、消费者与政府间电子商务（C2G）。这些交易模式所显示的参与主体和目标取向比较清晰，其商贸活动的特点完全取决于对自身特点和需求的准确把握，以及对整体市场的深刻了解。

作为电商贸易中的一种，农村电商同样涉及企业、消费者、政府等不同市场主体的参与，且由于互联网对地界的消弭作用，农村电商的B-C-G划分和一般电商并没有太大的不同。以B2C为例，在其运营过程中，既可能是农村企业、农村品牌对城市消费者的商贸活动，也可能是城市企业对农村消费者之间的商贸往来。与一般电商不同的是，不管是B2C、B2B、C2C、B2G还是C2G，其资源倾斜是以农村农民为主。

此外，以农村企业或者农村品牌为市场参与主体，参考电商平台层级，可将农村电商划分为以下三类：

一是借助全国（或全球）综合性电商平台企业进行的农村电商，如农村企业或农业品牌通过进驻阿里、腾讯、京东、拼多多等，实现客户连接、农产品销售。这些平台的资源分布相对较为分散，以消费者的消费意愿作为内在驱动，满足消费产品的全国性分配。这类平台拥有较高流量，培养了较为忠诚的客户群体，农村电商在此类平台进驻，能够较好搭乘互联网电商的东风，实现农产品的全国性销售，而不只是局限在区域地域内。

二是通过第三方平台注册网店（电商）的形式进行农村电商，如农村美食、农家乐的民宿民居、采摘体验、生态农业等在美团、携程、途牛等第三方知名购物旅游平台开设网店。借助第三方平台，农村电商实现农业、服务业、旅游业等多产业融合，与乡村旅游实现产业链式发展。

三是在城乡地区构建区域性电商平台企业，如湖南的城乡超市供应链平台、福建蓝天的“世纪之村”网等。“世纪之村”作为中国第一大农村信息化综合服务平台，集村务管理及公开、村财管理、乡风文明、农家店、劳务供需、星火科技、企业展品、百姓新闻等功能为一体，打通区域内的便民服务、电子村务、电子商务、电子农务四大版块，实现农民线上线下的全方位联动，共享互联网技术带来的便利，为服务三农、推动三农、促进社会主义新农村建设提供了良好范本。

从国家电商发展层面来看，农村电商也可分为境内农村电商和跨境农村电商。境内农村电商主要是指农村企业或者农民在国内范围内参与的电商贸易活动。跨境农村电商主要从事的是国际贸易，一方面指将农产品售出国外，这部分主要涉及的是农业产业；另一方面也包含了农村地区通过互联网向其他国家购买服务或者产品的行为，这部分往往不只局限在农业范围内。在我国构建国内国际双循环相互促进的新发展格局背景下，跨境电商将是农村电商发展的一大重点。我国作为农业大国，拥有较强的农村资源优势，通过互联网进行资源的整合与分配，能够在和他国的贸易往来中更好实现农村、农业的发展。

1.1.3 农村电商的特征

相较于城市电商，农村电商因受地域性、农业大环境影响，具有其显著特征，在此可以按商品流向对买、卖两个方向分开讨论。

作为买方市场，农村电商购入的产品偏实用性。据中国国际电子商务中心发布的《中国农村电子商务发展报告（2021—2022）》来看，2021年农村电商零售额前三位的品类分别为服装鞋帽及针纺织品、日用品和家具，分别占农村实物商品网络零售额的29.41%、18.55%和7.77%。但与此同时也要看到，电子出版物及音像制品、中西药品、书报杂志三品类增速较快，位于前三，如图1-1所示，农民对电商的接受范围正快速从看得见摸得着的实用性产品向精神文化类产品过渡。

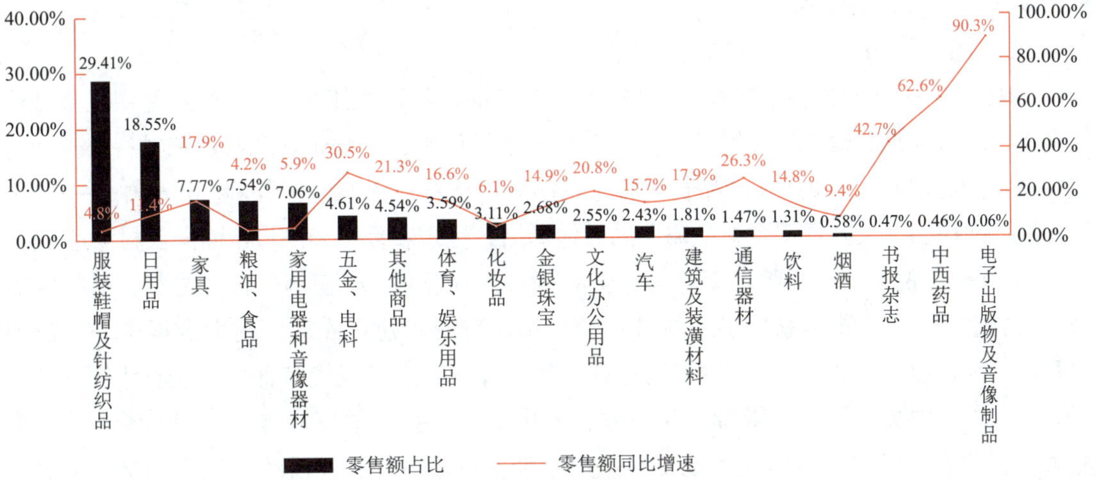

图1-1　2021年全国农村网络零售市场

作为卖方市场，农产品呈现同业聚群化。农村电商中农产品的种植受地域影响，能够形成品牌效应的农产品往往以集群化方式生产，如五常大米、内蒙古羊肉等。即便未形成地标农产品，农村电商往往以同个村、镇的网商集合在一起形成完整的产业链的形式进行对外商贸活动。这种集采购、生产、销售为一体，形成了基于网络销售为中心的产业集群，虽然在一定程度上能够增强农村网商的群体竞争力，但同时带来的同质化现象也较为严重。

此外，农村电商经营的产品多以低附加值、简单加工产品为主，所以生产方式多为家庭作坊组织方式。作坊式生产往往缺少正规的办公场所，一般多是在自建民宅里进行，集生产、加工、经营、贮存、配送为一体。作坊式采用的机械生产工具的技术相对比较低端、生产技术水平不高，主要以简单的加工或模仿为主，这就为农村电商的进一步扩大化、规模化造成一定阻碍。缺少现代公司企业的制度理念，势必会限制农村电商的突破性发展。

1.2　农村电商的发展

2021年，一批新农人、新业态、新模式持续涌现在我国农村电商领域，推动农村电商的发展。

1.2.1 农村电商的发展背景

1. 农村电商成为产业融合发展的重要媒介

2014年，“农村电商”一词第一次出现于中央一号文件，与此同时，国家也看到了电子商务技术在促进农产品交易方面可能起到的重要作用，但受限于城乡资源分配的差距，农村电商始终落后于城市电商的发展速度。2015—2017年的中央一号文件中，提及“电子商务”的次数明显增多，政府也在牵头主抓区域化物流建设、农村电子商务等方面，为农村电商的进一步发展提供了条件。2018年中央一号文件，将电子商务界定为推动一、二、三产业融合发展的重要媒介。

2. 数字乡村战略下农村电商的完善

2019年中央一号文件开启“‘互联网+’农产品出村进程工程”，要求完善物流基础设施网络，支持产地建设农产品贮藏保鲜、分级包装等设施，鼓励企业在县乡和具备条件的村建立物流配送网点，“加强农产品物流骨干网络和冷链物流体系建设”等。这是中央一号文件首次单列提出“实施数字乡村战略”的具体举措，标志着数字经济将全面向农村渗透。

2020年是脱贫攻坚决胜之年，也是全面转向乡村振兴战略实施的关键之年，这一年的一号文件要求：“开展国家数字乡村试点，依托现有资源建设农业农村大数据中心，加快物联网、大数据、区块链、人工智能、5G网络、智慧气象等现代信息技术在农业领域的应用。”2021年中央一号文件继续聚焦三农，提出要扩大农村电商覆盖面，深入推进电子商务进农村和农产品出村进城，推动城乡生产与消费有效对接，发展线上线下相结合的服务网点，推动便利化、精细化、品质化发展。

3. 电商直播开启农村电商新阶段

2022年中央一号文件对三大工程——“数商兴农”工程、“快递进村”工程、“互联网+”农产品出村进城工程进行进一步巩固，并首次提出要促进农副产品直播带货规范健康发展。农村电商直播的发展，一方面刺激了农副产品的销量，为农村经济发展做出重要贡献，与此同时，农产品电商直播中的部分低俗内容、蹭热度、卖惨等有违社会公序良俗的事件层出不穷，也对国家互联网治理、农村电商直播伦理提出了新的挑战。

2023年一号文件中，国家再次强调深入实施“数商兴农”和“互联网+”农产品出村进城工程，鼓励发展农产品电商直采、定制生产等模式，建设农副产品直播电商基地，加快完善县乡村电子商务和快递物流配送体系。

2024年，国家发展改革委和国家数据局发布了《关于印发〈数字经济促进共同富裕实施方案〉的通知》。其中提到，要积极培育新业态新模式，深入推进“数商兴农”，实施“互联网+”农产品出村进城工程，开展直播电商助农行动，培育一批电商赋能的农产品网络品牌和特色产业，深化电子商务进农村综合示范。通过打造前台的直播卖货和完善后台的物流供应链，保证农副产品的线上线下销售，推动乡村高质量发展。

1.2.2 农村电商的发展机遇

农村电商的发展离不开宏观政策的支持，在各类高科技平台下，激活了微观个体依靠电商致富的决心，也提供了切实可行的路径。

宏观政策向好，相关政策日趋完善。截至2024年，农村电子商务连续11年出现在中央一号文件中。政府在全面布局农村电商的过程中，打通线下物流运输通道，统筹“物流建设+数字传播”，在构建乡村地区网络交易平台、解决农产品滞销、拓宽农产品销售渠道、扩大农产品销售市场等方面不断加大政策帮扶力度。2014年，国务院扶贫办还提出要把“电商扶贫工程”列为精准扶贫十大工程之一，电商扶贫开始成为我国打赢脱贫攻坚战的重要手段之一。在此宏观政策背景下，有关部门先后提出一系列促进电子商务进农村的政策措施，体系日趋完善，涉及领域也日渐丰富。2015—2024年中国农村电商政策盘点见表1-1。

表1-1　2015—2024年中国农村电商政策盘点

年份	月份	机构	政策文件
2015年	2月	中共中央　国务院	《关于加大改革创新力度 加快农业现代化建设的若干意见》
		农业部	《关于扎实做好2015年农业农村经济工作的意见》
	4月	商务部办公厅	《2015年电子商务工作要点》
		中共中央　国务院	《关于深化供销合作社综合改革的决定》
	5月	国务院	《关于大力发展电子商务加快培育经济新动力的意见》
	7月	国务院	《关于积极推进“互联网+”行动的指导意见》
		国务院办公厅	《关于加快转变农业发展方式的意见》
	9月	农业部　发展改革委　商务部	《推进农业电子商务发展行动计划》
		国务院办公厅	《关于推进线上线下互动 加快商贸流通创新发展转型升级的意见》
	11月	国务院办公厅	《关于促进农村电子商务加快发展的指导意见》
2016年	1月	中共中央　国务院	《关于落实发展新理念加快农业现代化实现全面小康目标的若干意见》
		农业部	《关于扎实做好2016年农业农村经济工作的意见》
	3月	商务部　发展改革委　交通运输部　海关总署　国家邮政局　国家标准委	《全国电子商务物流发展专项规划（2016—2020年）的通知》
	4月	国务院办公厅	《关于深入实施“互联网+流通”行动计划的意见》
	5月	农业部	《“互联网+”现代农业三年行动实施方案》
	7月	商务部办公厅	《农村电子商务服务规范》
	11月	国务院扶贫办	《关于促进电商精准扶贫的指导意见》
2017年	2月	中共中央　国务院	《关于深入推进农业供给侧结构性改革，加快培育农业农村发展新动能的若干意见》
	8月	商务部　农业部	《关于深化农商协作大力发展农产品电子商务的通知》
	12月	农业部办公厅	《关于深入实施贫困村“一村一品”产业推进行动的意见》
2018年	1月	中共中央　国务院	《关于实施乡村振兴战略的意见》
		财政部	《农业综合开发财务管理办法》
	3月	国家旅游局	《关于组织推荐金融支持旅游扶贫重点项目的通知》
	5月	财政部办公厅　商务部办公厅　国务院扶贫办	《关于开展2018年电子商务进农村综合示范工作的通知》
	6月	工业和信息化部	《关于推进网络扶贫的实施方案（2018—2020年）》

续表

年份	月份	机构	政策文件
2019年	1月	国务院	《关于深入开展消费扶贫助力打赢脱贫攻坚战的指导意见》
	2月	中共中央　国务院	《关于促进小农户和现代农业发展有机衔接的意见》
	5月	中共中央　国务院	《关于建立健全城乡融合发展体制机制和政策体系的意见》
2020年	1月	农业农村部　中央网信办	《数字农业农村发展规划（2019—2025年）》
	4月	农业农村部　财政部	《关于做好2020年农业生产发展等项目实施工作的通知》
	5月	农业农村部	《“互联网+”农产品出村进城工程试点工作方案》
	6月	财政部办公厅　商务部　国务院扶贫办	《关于做好2020年电子商务进农村综合示范工作的通知》
2021年	5月	商务部　中央农办　发展改革委等17部门	《关于加快农业全产业链培育发展的指导意见》
		财政部办公厅　商务部办公厅　国家乡村振兴局综合局	《关于开展2021年电子商务进农村综合示范工作的通知》
	6月	商务部　中央网信办　发展改革委等17部门	《关于加强县城商业体系建设促进农村消费的意见》
	7月	国务院办公厅	《关于加快农村寄递物流体系建设的意见》
	10月	商务部　中央网信办　发展改革委	《“十四五”电子商务发展规划》
2022年	1月	中共中央　国务院	《关于做好2022年全面推进乡村振兴重点》（2022年中央一号文件）
		中共中央　国务院	《数字乡村发展行动计划（2022—2025年）》
	2月	农业农村部	《“十四五”全国农业农村信息化发展规划》
	4月	中央网信办等五部门	《2022年数字乡村发展工作要点》
		农业农村部　财政部　发展改革委	《关于开展2022年农业现代化示范区创建工作的通知》
2023年	1月	中共中央　国务院	《关于做好2023年全面推进乡村振兴重点工作的意见》（2023年中央一号文件）
	2月	中共中央　国务院	《关于全面推进乡村振兴加快农业农村现代化的意见》
	6月	中国人民银行	《关于金融支持全面推进乡村振兴　加快建设农业强国的指导意见（银发〔2023〕97号）》
	8月	商务部等九部门	《县域商业三年行动计划（2023—2025年）》
2024年	2月	中共中央　国务院	《关于学习运用“千村示范、万村整治”工程经验有力有效推进乡村全面振兴的意见》（2024年中央一号文件）
	3月	商务部等九部门	《关于推动农村电商高质量发展的实施意见》
	5月	中央网信办　农业农村部　发展改革委　工业和信息化部	《2024年数字乡村发展工作要点》

技术层面，互联网基础设施条件不断得到完善。在“十三五”规划期间，我国就把重点建设工程聚集在农村网络深度覆盖这方面。2016—2020年，国家全面落实推进网络深度覆盖和宽带入村计划。2022年6月，我国实现100%的行政村通电话、100%的乡镇通宽带，

2022年底，农村地区互联网宽带接入端口超过1.76亿个①，基本实现4G网络信号全覆盖，完成“宽带入村”计划，为农村电商的实施提供网络技术支持。

微观层面，农村电商交易活动个体持续增多。根据《2023中国农产品电商发展报告》统计显示，2022年，全国农村网店达1 730万家，其中超三成为直播电商。2022年淘宝村、淘宝镇又有新的突破，分别累计达到7 780个、2 429个，整个过程保持着正向的增长，如图1-2所示。

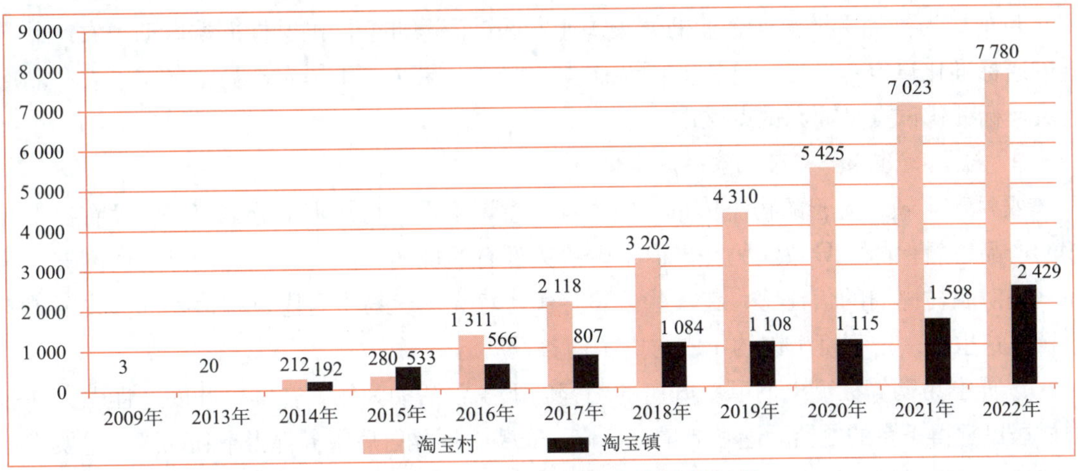

图1-2 2013—2022年中国淘宝村/镇概况

同时，2022年与农产品电商相关联的节庆活动对促进消费也起到了相当重要的作用，如网上年货节、618大促、“双十一”、“双十二”等。2022年“618”全网的交易总额是6 959亿元，综合电商的销售总额达到了5 826亿元，其中天猫、京东、拼多多名列前三，“双11”更是再创新高，市场一片繁荣。

1.2.3 农村电商发展面临的挑战

农村电商发展形势向好，但受其地理位置所限，在当下城乡资源分配不均衡的状况下，势必会受到相应的影响。

1. 农村互联网普及率有待提升，农民“互联网+”思维待培养

截至2022年底，我国农村地区互联网普及率为61.9%，虽然较上年呈增长趋势，但相较于城镇地区的83.1%还有很大的发展空间。此外，在部分农村地区，农村居民生活水平较低，思想较为保守，对于互联网的运用缺乏专业人员指导，使得农村居民对互联网、对农村电商未形成正确认识。以当前盛行的网络直播为例，部分农村居民既感到新鲜，愿意去了解，但又可能因网络知识的不充分，陷入直播的套路中，致使自身利益受损，反而增加了对电子商务的顾虑，不敢使用虚拟网络完成电商交易，很大程度限制了农村电商的发展。

2. 村镇冷链运输等物流配套服务发展滞后

我国农村地区的物流滞后包括流向农村的生产资料与生活资料的物流和流向城市的农产品物流两方面。与城市地区相比，农村电商基础设施短板主要表现在：物流设施网点不

① 国务院新闻办公室.2022年工业和信息化发展情况新闻发布会[R/OL].http://www.scio.gov.cn/ xwfbh/xwbfbh/wqfbh/49421/49502/index.htm

足，快递“最后一公里”问题依然存在。我国大多数农村存在地理位置偏僻、居民区分散的区域特征，导致快递网点分布匮乏，再加上农村地区道路交通不顺畅、物流公司的乡村配送网络还不够完善，使得农村居民无法享受电商配送到门服务，这也制约了农村居民对于电商交易的使用，使得工业品下行受到了影响。另外，在农产品上行方面，村镇物流多以发出农产品为主，一些季节性比较强的生鲜类产品对物流要求极其苛刻，由于冷链技术不完备，此类产品往往难以满足顾客的需求，存在较大的退货风险，使得大多物流公司望而却步。

目前，为推动冷链流通企业的健康快速发展，商务部会同国家标准委启动了农产品冷链流通标准化试点示范工作，重点围绕肉类、水产、果蔬等生鲜农产品，确定了农产品冷链流通标准化试点企业和试点城市。

3. 缺乏有效的乡村市场售后服务体系

农村地区缺乏完善的物流体系，农民维权意识不强，再加上部分电商平台没有提供有效的产品售后保障，导致农民在电商平台购买到有瑕疵的产品时，往往选择自认倒霉，从而丧失对农村电商的信任感，在一些涉及金额比较大的交易中更愿意相信并选择线下销售平台，这也在一定程度上制约了农村电子商务发展。

以苏宁易购等大型电商巨头开启的“家电下乡”活动为例，在实际开展过程中，许多农村居民觉得下乡的电器无论是质量、价格、安装，还是售后服务都得不到保障，退换货相当麻烦，导致“家电下乡”活动效果不如预期。

1.2.4 农村电商的发展趋势

农村生活和商业服务正在全面走向数字化、在线化和智能化。近三年来，大型电商平台不断下沉，为县域生活服务业商户提供线上化经营渠道，推动农村传统商超、小卖店加速数字化改造。很多地方通过电商平台、社交网络、在线旅游和外卖平台等渠道，将本地的特色商品、自然风光、文化旅游资源及时发布出去，带动乡村旅游、餐饮及民宿等产业发展。

同时，阿里巴巴、腾讯、美团、拼多多等互联网巨头纷纷开展社区团购业务。美团2021年上半年财报显示，已将数十万村民发展为团长。社区团购平台通过预售模式、微信私域获客、农村小店数字化改造等手段，让农村地区拥有了品类日益丰富的“云货架”，扩大了农民采购商品的范围和种类，帮助村民们享受到了更多的实惠好货和便利服务，进一步缩小了城乡差距，提升了农民的幸福感。

农村电商的蓬勃发展为农村地区带来更多的发展机遇，吸引一批大学生、企业家、退役军人等加速返乡就业创业。返乡入乡创业项目中，55%运用信息技术，开办网店、直播直销、无接触配送等，打造“网红产品”。拼多多发布的《2021新新农人成长报告》显示，截至2021年10月，平台“新新农人”（95后涉农商家）数量已超过12.6万人，在涉农商家中的占比超过13%，其数量在两年内增长了近10万人，呈现爆发式增长态势，每位“新新农人”平均带动5～10位95后参与到电商创业中，并平均带动当地就业岗位超过50个，95后逐渐成长为农村电商创业带头人中的重要力量。①

---

① 中国国际电子商务中心.中国农村电子商务发展报告（2021—2022）[R/OL]. 20221026141940687_中国农村电子商务发展报告（2021—2022）.

1.3 农产品电商概述

农产品电子商务是指围绕农村的农产品生产、经营而开展的一系列电子化的交易和管理活动，包括农业生产的管理、农产品的网销营销、电子支付、物流管理以及客户关系管理等。发展农产品电子商务具有全局性、战略性和前瞻性，与国家建设社会主义新农村的战略相一致。

1.3.1 农产品电商的作用

农产品市场是我国“三农”相关的热点问题。随着农村电商的发展，政府出台很多地方政策，农产品从种植加工到市场营销流通，得到了前所未有的良好发展和机遇。总的来说，农产品电商的作用在微观、中观、宏观层面得到较好体现。

微观层面，促进农产品流通。《中国农业品牌发展报告（2022）》对电商平台的300个农产品区域公用品牌的消费情况进行了分析，发现农产品品牌线上销量持续增长、产品溢价能力增强、复购率提高。由此可见，农产品电商创新和丰富了农产品营销渠道，凭借流量优势助力农产品推广，成为推进农业产业化、数字化和农民持续增收的新动能。

中观层面，加强农产品品牌建设。2022年，京东发布的《2018—2022地标农产品上行趋势报告》中指出，地理标志农产品品牌数量较多，认知度提升、成交额增速也提升。特色的产地生态、历史文化是农产品品牌独特的价值源泉，也是重要的质量标志。尤其是家喻户晓的地标农产品，不仅可以带动一方农民发家致富，也成为培育社会公众认同度高的农产品品牌的发展样板。

宏观层面，有利于打造特色农业。《2018—2022地标农产品上行趋势报告》中显示，云南普洱、五常大米、宁夏枸杞等地标农产品受到消费者的高度认可，成为产地的一张特色名片。例如，黑龙江大米占黑龙江上行农产品成交额的93%，新疆苹果与梨的成交额占新疆上行农产品成交额的92%，云南普洱茶成交额占云南上行农产品成交额的88%，宁夏枸杞成交额占宁夏上行农产品成交额的84%。在互联网的作用下，市场份额进一步向优势电商农产品类集中，并逐步成为当地特色农业的一张名片。大力发展农产品电商，很大程度上激活了各地农业农村的发展活力，带动产业供应链建设，促进乡村振兴发展。

1.3.2 农产品电商的运营模式

按照传统电商的运营模式，农产品电商的运营可以分为以下几类：

1．C2B/C2F 模式（消费者定制模式）

C2B/C2F模式是消费者直接对接农产品源头，多为会员制。农户根据消费者的订单需求生产农产品，然后通过家庭宅配的方式把自家农庄的产品配送给消费者。

C2B/C2F模式的运作流程分为四步：

第一步：农户要形成规模化种植及饲养。

第二步：农户要通过网络平台发布产品的供应信息招募会员。

第三步：会员通过网上的会员系统提前预订今后需要的产品。

第四步：待产品生产出来后，农户按照预定需求配送给会员。

盈利方式：收取会员费，即会员的年卡、季卡或月卡消费。

C2B/C2F模式下，农户能够根据消费者需求提前定制化生产，比较符合农产品的生物特性，对农户或者农庄经营来说，经营风险小。但同时，这种模式的市场空间发展有限，受制于场地和非标准化生产，农产品经营很难形成规模化效应和品牌效应，更多需要被动依靠消费者口碑进行品牌传播。

2. F2C模式（农场直供模式）

F2C模式与消费者定制模式相对应，即农产品直接由农户通过网上平台卖给消费者的行为。

F2C模式根据农户选择的平台，当前比较主流的有两种：

（1）农产品＋微商

农户通过微信朋友圈发布自家的农产品信息，种植、成长、采摘等信息的全方位呈现，把农产品的生长情况制成图文、短视频发布到微信朋友圈中，让消费者第一时间了解农产品的情况。此模式要求农户把自己的朋友圈当作市场进行运营。

第一步：品牌打造。通过朋友圈发布，有意识地打造一个个人化的品牌，加强和“朋友”互动，从而提高客户忠诚度和黏着度，形成品牌溢价。

第二步：适当展示真实的自己。微信朋友圈靠的不是卖产品而是人与人之间的联系，主要依靠网络中存在“社交关系”人的喜欢与认可，不管是强关系还是弱关系，适当展示农户的生活，能够给这段“关系”增加亲近感，更容易获取消费者信任。

第三步：供应链打造。微商的一大难点在于配送与物流、冷链没办法得到保障，这也是农特微商的重点，但随着国家数商兴农政策的保障与推行，物流、冷链开始得到更多有效支援。

盈利方式：通过产品售卖获取利润。

（2）农产品＋直播

目前，随着电商直播的发展，农户多借助各平台进行网络直播。农产品＋直播的运营相较于微商，在平台选择上更看重和用户的互动性，内容上更关注农产品内容的即时展示，这也是目前最接近农村集市的“互联网＋”模式。

通过直播进行农产品营销主要可以参考以下三个步骤：

第一步：策划网络直播营销活动，可以邀请网红参加。

第二步：主播在线介绍农产品，网红可以直播自己对农产品的体验感，其他工作人员随时关注消费者动态，进行即时互动。

第三步：在电商平台，如淘宝、京东，同步开启链接，进行产品销售。

盈利方式：通过产品售卖获取利润，但需按一定抽成给付相应平台。

农产品＋直播能较好地解决消费者信任问题。通过网络直播，农户能够更直观地向消费者介绍产品，让用户增强对产品的信心，并通过一连串的互动实现快速传播推广，完成农户到消费者的直接链接。但同时农户直播由于缺少具有一定知名度的网红主播，前期的流量运营有着一定的难度，MCN（multi-channel network，多频道网络）提供的高价服务也不太适合农产品电商，所以培养高人气的主播，找到靠谱的平台是该模式下的重中之重。另外，同微商一样，消费者下单后如何安全、快速地安排物流与配送，也是农产品直播的关键环节。

此外，也可以开展“农产品+直销店”的营销模式。直销店减少了中间渠道，降低产品单价，能够直接实现农产品从产地到餐桌，同时提高农产品与用户的互动。不过值得注意的是，直营直销连锁店投入成本巨大、连锁管理也需要专门的人才，所以“农产品+直销店”往往需要政府或者农业龙头企业牵头，单个农户很难开展该营销方式。

总体来讲，F2C模式可以快速建立消费者的信任感，通过农户的直接叫卖和直观的农产品展示，让消费者更好地了解农产品货源和相应品质。但对一些规模不大的农场来说，由于场地生产受限，加上非标准化生产，导致市场发展空间有限。

3. B2C模式（商家到消费者的模式）

B2C模式是当前的主流模式，根据其经营形式，还可以再进一步细分为平台型B2C和垂直型B2C两种：

（1）平台型B2C模式

主要依靠经纪人、批发商、零售商通过网上平台卖农产品给消费者，如相关销售者借助天猫、京东、淘宝等网络平台进行农产品销售行为。

（2）垂直型的B2C模式

即专注于售卖农产品的电商模式，主要指专业的垂直电商直接到农户采购，然后卖给消费者的行为，如我买网、顺丰优选、本来生活等平台直接通过农产品采购对接消费者需求市场。

盈利方式：B2C模式的盈利主要依靠产品销售获得的利润，以及作为平台方获取的平台入驻费用以及产品利润抽成等。

商家在此模式中主要作为中介角色，因此无须承担压货的风险，这是B2C模式最大的优势，但与此同时，由于其通过平台与消费者实现对接，所以对平台的流量、供应链要求相对更高。

4. B2B模式（商家到商家的模式）

B2B模式是商家到农户或一级批发市场集中采购农产品然后分发配送给中小农产品经销商的行为。这类模式不和消费者直接产生联系，主要是为中小农产品批发或零售商提供便利，节省其采购和运输成本。

盈利方式：B2B模式主要依靠产品采购批发差价获取利润，相关商家也会从中收取一定比例的服务费用。

此模式下，商家同样无须承担压货的风险，且能够更好地连接上下游，发展空间大。但和B2C模式一样，其对平台的流量、供应链、信息服务要求高。

5. O2O模式（农业社区模式）

O2O模式即线上线下相融合的模式，通常是通过线上发放优惠券、内容运营以及其他导流方式，实现快速满足消费者购物需求，完成线上订单，但产品的提取等需要消费者线下自提。

在当前社交媒体呈圈层化传播的态势下，农业社区模式能够有效集合有相同标签、相同兴趣、相同爱好、相同需求属性的人自发或者有组织的群体组织，如素食爱好者、草莓爱好者等。具有相同属性的人或者对某一款农产品具有相同需求的人比较容易就某一商品的购买达成一致，通过组团购买实现买卖双方的共赢。

盈利方式：产品售卖利润。

O2O模式依靠社区化模式，能够更好地满足一定区域内人群的消费需求，由于配送地点相对集中，物流配送便利快捷，对农产品，尤其是易损耗的农产品更加友好。另外，前期的线上运营需要吸引流量，获取区域内受众的关注，实现规模化效应，因此地推所需成本较高。图1-3所示为传统农产品流通过程，图1-4所示为农产品电商对流通渠道的改进。

图1-3 传统农产品流通过程

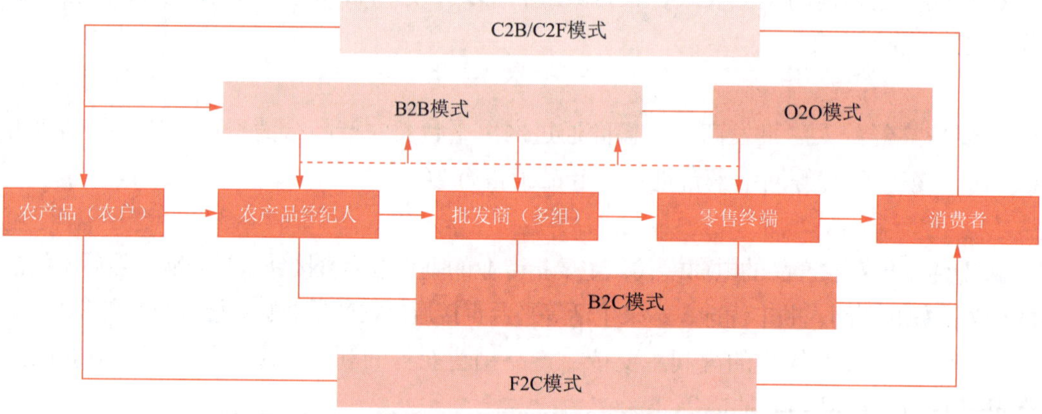

图1-4 农产品电商对流通渠道的改进

以上五种不同的农产品电商模式适合不同的农产品，它们各有优劣势，并无绝对的优劣之分。

随着互联网的不断发展，以及直播、物联网、云计算、可视化等新技术的叠加，农产品电商不断更新迭代，其运营模式又有了新的趋势。

（1）农产品＋可视农业

“可视农业”主要是指依靠互联网、物联网、云计算、雷达技术及现代视频技术将农作物或牲畜生长过程的模式、手段和方法呈现在公众面前，让消费者从生产源头了解农产品的种植、养殖过程，更加放心地购买优质产品的一种模式。图1-5所示为可视农业的实时监控。

近年来，可视农业平台通过改造升级传统农业，贯彻电子商务下乡，升级商店对接餐饮，派发订单生产等形式活跃农村市场，不断向可视农业生产商派发订单订金，有效解决传统农业市场通路、资金短缺和食品安全三大疑难问题，以低价格好产品，输送到各个市场终端。在此大背景下，“可视农业”拥有较为可靠的期货订单效应。众多的“可视农业”消费者或投资者利用网络平台进行远程观察，在任何地方通过可视平台都能观察到自己订的蔬菜、水果和猪牛羊等农产品的生产、管理全过程，然后一键下达订单。

图1-5 可视农业的实时监控

（2）农产品＋认养农业

认养农业是订单农业的一种，指生产者和消费者，也就是所谓的认养人之间达成的一种风险共担、收益共享的生产方式。消费者预付生产费用，生产者为消费者提供绿色、有机食品，实现农村对城市、土地对餐桌的直接对接。认养过程中，消费者可以单人也可以多人合伙认养一种农产品（动物、植物均可），根据认购的数量或部位，一起享受认养的乐趣，共同获得优质产品。图1-6所示为互联网认养农业模式。

图1-6 互联网认养农业模式

为了保证消费者随时了解自己认养产品的发展情况，农户需要做到实时透明，因此互联网认养农业通常需要和可视农业结合，认养人只需在手机上安装App终端，就可以对自己的“一亩三分地”进行24小时监控，而且这不是像网络游戏中虚拟的开心农场，是现实实体的“认养农业”。对传统农业来说，这是一种新思路带来的新业态，并且已经成为农业增值服务的具体表现。

1.3.3 农产品电商的新发展

日益增长的农村电商市场仍然面临农产品电商内部结构相互不成体系、农产品电商同质化竞争严重、农产品电商文化建设滞后等问题。因此，我国农产品电商应直面存在的问题，利用国家对农村电商的政策扶持，抓住“互联网+”发展的机遇，去探索农产品电商新的发展道路。图1-7所示为SWOT模式分析农产品电商发展。

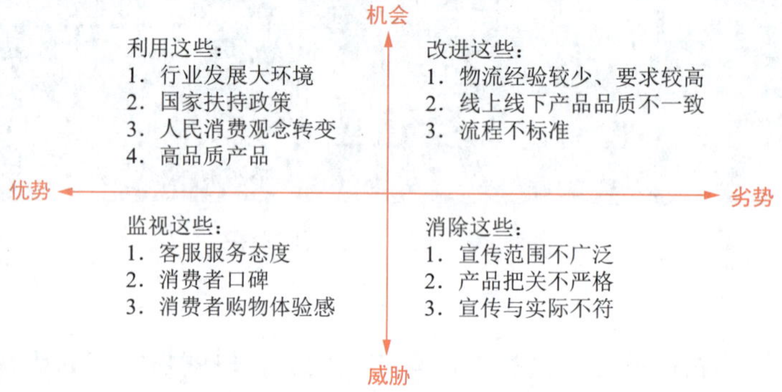

图1-7 SWOT模型分析农产品电商发展

1. 提高品质标准，打造农产品品牌

市场上的农产品五花八门，同一种类产品还有产地、品质等差异，因此打造品质化产品，形成品牌影响力，才能助力好产品成为好商品。如五常大米、山东烟台苹果等地标农产品往往更容易获得消费者青睐，具有更高的市场影响力。

【案例】

五常大米的品牌建设

于殿红是黑龙江省五常市民乐朝鲜族乡陆家村村民，几年前开始在网上卖自家产的大米。销售过程中常常遇到消费者提问“怎么证明你卖的米是五常大米？”于殿红只好把身份证拍照给人看。好东西还愁卖，让不少农民既困惑又无奈。

2015年，五常市设立了五常臻米网，对全市大米品牌产品进行公示，并以农业物联网为依托，建成“确地、确种子、确投入品、稻米三重检测”的水稻溯源防伪系统。此外，五常市还对良种繁育、育苗插秧、收割仓储到加工销售的27个流程99道工序逐一细化，制定并推广了五常大米种子、种植、投入品等八个方面的地方标准。

“达到标准才能进入加工溯源体系，才能使用五常大米溯源防伪标识和二维码。”于殿红说，“网上一搜，就知道咱家是五常的。袋上一扫，哪个村、谁的田、啥品种、检测报告，一目了然。有这一网一码，销量翻了不止一番。”

（资料来源：编者依据网络资料改写。）

品牌化可以让农村电商驶入快车道，无论是擦亮旧品牌，还是塑造新品牌，提升品质是关键。不断推进区域公共品牌建设，将有利于打造地方特色农产品招牌，进而引领规模化生产、标准化管理和产业化经营，提升农村电商质量效益和市场竞争力。

2. 利用“互联网+”新模式促进农产品销售

近年来，政府大力培育、发展农村电子商务产业，互联网电商成为未来大趋势。一方面有关部门要牵头做好农民相关知识、意识的培训，让农民从“会种”到“会卖”，让农产品电商从业者从“懂卖”到“懂种”；另一方面，在城市发展饱和的大环境下，农村电商可以吸引年轻人返乡创业，做主播、帮带货。这些新农人们有想法、有创意，了解网络，也了解农产品，能够更好地利用各种农业电商模式，促成买卖双方的良性互动，既推动农村电商提质增效，又对促进农产品进城具有积极意义。

3. 补齐物流短板，加速鲜货出山

农产品出城，物流是重要一环。当前，物流短板是农产品电商目前发展的较大难点，尤其对于新鲜蔬果等时令性强、保质期短的鲜货来说，物流“最初一公里”的迅速和通畅至关重要。

补齐农村物流基础设施短板，推动农村地区流通体系建设，将进一步打通从田间到餐桌、从枝头到工厂的道路，助力农村电商蓬勃发展。

1.4 对农产品电商运营工作的认知

1.4.1 农产品电商运营工作的主要内容

农产品电商运营的专业化、制度化相较城市电商发展缓慢，但仍然形成了较为稳定的运营流程。

从基本的运营内容来看，电商运营主要分为五大板块：

1. 店铺运营

该板块既包括整体店铺的装修设计、页面制作，也包括涉及具体的店铺商品维护、上下架、评价维护、库存数量等。

① 店铺的装修、设计。店铺需根据所销售的农产品相关特性进行设计，整体风格要统一。既要有鲜明的产品特色，符合农产品定位，又要警惕“村味”过重，影响品牌形象和消费群体的扩展。店铺的装修设计是提高客户体验度的关键环节之一。

② 页面设计、排版。页面要吻合店铺的整体风格，图文排版需清晰美观、布局合理。文字介绍简单清晰，对农产品的描述完整、准确，采用高质量、高清晰度图片，让消费者能够一目了然清楚农产品的核心信息。

③ 及时做好页面更新。配合农产品运营，根据农产品库存量的变化，及时做好页面相关信息的更新。

④ 进行日常数据分析。根据每天的销售情况、店铺好评率（DSR）等相关数据指标，进行每日、每周、每月数据分析，提升客服服务。不只要分析店铺内农产品的销售情况，还要注意同期市场环境的变化，关注竞品、替代品的销售变动，及其对店铺的影响；不只要关注客户好评的分值，更要留意客户中、差评反馈的内容，及时进行整改。

2．农产品运营

该板块从狭义上讲，就是店铺中产品的包装、上下架、价格定位、补货出货等工作内容，但针对农产品的特性，还包括农产品从生产到销售的各个环节，建立起和消费者之间的链接。

① 农产品研发期（投入市场前），该阶段首先要搞清楚农产品的特性以及目标市场。农产品本身具有新鲜的生物性，但其生产又具有较强的季节性、地域性和分散性，因此农业市场形势发生变化时，生产无法及时作出反应，具有一定的滞后性。农产品不同，滞后期长度也不同，农产品研发要考虑不同农产品应对市场反应产生的价格波动。此外，当地农产品的保鲜、物流运输等如何衔接配套等，都需要做通盘考虑。

② 农产品种子期（预售阶段），该阶段主要目的在于收集市场以及用户行为相关数据以及相应反馈，可以通过设置优惠券等活动为当季农产品销售进行预热，并调研市场对农产品以及加工形成的衍生产品的接受度，将相关产品进行包装分类、价格定位，为农产品的分发销售做准备。

③ 农产品成熟期（旺季销售期），不管是种植业还是养殖业，都具有一定生物周期性，产生农产品销售的旺季和淡季。农产品在旺季期面临较大的市场需求，此阶段的产品运营主要在于找准市场缺口，将农产品进行对口销售，利用电商连接当地农产品和全国可能存在空白的消费市场。

④ 农产品衰退期（淡季销售期），农产品的淡季决定了农产品要有储藏和加工阶段，此阶段，新鲜的农产品已经过季，销售产品更多为加工农制品或者其他衍生农产品，建立起风格统一的全产业链模式，形成当地农产品的品牌化发展对淡季期的农产品运营至关重要。

农产品运营整体来讲涉及前期产品调查、市场对接，中期农产品的包装、文案等内容运营、线下渠道、物流合作等，以及后期农产品的更新、滞销品处理、订单处理、售后维护等工作内容，属于整个运营过程中核心的基础工作。

3．流量运营

流量运营是电商运营的核心工作，不管是对平台还是对企业来说，流量意味着体量，体量即代表着分量。如果说店铺运营是线下实体店的房子，产品运营是提供销售的物品，那流量运营就是拉拢顾客的渠道。对农产品电商来说，由于缺少名人效应、网红推动，流量积累难度较大。目前适合农产品电商的流量运营主要有三种形式：

① 凭借电商平台内部渠道规则，通过免费优化提升自己的展示排名。目前淘宝、京东、抖音、小红书等平台都有自己的电商专区，流量池推荐规则各不相同，需要运营者精心研究平台规则，提升核心的包括DSR卖家服务评价系统在内的各项指标，进而提升自己的展示排名。

② 通过平台内部竞价机制排名，获取更多的流量，属于付费推广形式。付费推广收费一般较高，对农户并不特别友好，该形式主要针对大体量大品牌的农产品运营。

③ 通过平台外部推广，如社群推广、第三方分销平台等。值得注意的是，微博、微信等自媒体运营同样可以作为外部推广引流的方式，主打熟人关系的微信，在关系营销方面，往往更能获取消费者信任，实现农户/农场到消费者的直接连接。

4．活动运营

活动运营是吸引大流量、刺激农产品销售的一种主要形式，如拼多多就是凭借拼团购买吸引了大批流量。各种大小活动，包括大家所熟悉的天猫“双十一”，京东“618”等大型的电商活动，以及店铺自己推出的各种小活动，如秒杀活动、打折活动、发布优惠券等都属于活动运营的范围。

农产品电商在运营初期可以借助各种形式的活动，积累粉丝，获取流量，获得一定的关注度，这样可以给之后的产品运营提供更大的空间。

5. 客户运营

借鉴管理学中的客户关系管理，客户运营同样强调通过利用相应的信息技术以及互联网技术协调买卖双方在销售、营销和服务上的交互，从而提升其效率，向客户提供更好的服务。

在吸引新客户、保留老客户、将已有客户转为忠实客户的前提下，客户运营主要分为：

① 争夺更多客户——售前获客。

② 高效跟进客户——售中跟进。

③ 提高客户满意度——售后维护。

互联网经济，消费者口碑起到相当重要的作用，在面向市场、接触消费者那一刻起，就要建立良好的客服关系，争取让消费者成为产品的“自来水”，以此获取更大面积的注意力资源，实现市场的扩大。

1.4.2 农产品电商运营人员应该具备的能力

总的来说，农产品电商运营人员应当具备基本职业能力、操作职业能力和创新职业能力三个方面。

基本职业能力，即掌握基本的农产品电商知识和技能，能够运用理论知识和实践知识处理相关事务并进行运营管理。操作职业能力，即完成电子商务平台的规划和管理，能够处理交易、付款、售后等电商运营过程中出现的问题。创新职业能力，即能够根据客户需求和市场需求，进行改进和创新，主动提高服务质量和用户满意度。

作为新型的农产品电商经济，根据不同的农产品电商运营模式，可将从业人员应具备的技能进行进一步细化。

1. 互联网基本技能

互联网基本技能首要是指搜集信息、获取信息的能力。在当前信息海量的互联网环境下，“搜商”已成为互联网从业人员必不可少的技能。对农产品电商运营来说，货源、选品、品控、市场需求等都需要进行信息甄别，哪些农产品适合电商，批量还是零售、货源地能否对接市场需求、物流能否提供相应保障等都需要较强的信息搜集能力。

其次是数据分析的能力，数据分析贯穿整个运营流程链，涉及各个不同工作岗位。当运营者获得相应数据后，需要进行推演和分析，从中找到规律，迅速评估问题的关键属性和决定因素，形成自己的独有见解。在当前的大数据时代，数据分析可以帮助运营降低犯错成本，提高收益。

此外，网站美工、文案、网页设计等也需要运营者有基本的了解，虽然农产品电子商务平台运营往往是由一个电商团队在操作，但是网站运营者必须有一个全局观念，尤其作为管理者，对美工、文案、网页设计有拍板决定的权力，也因此对其审美有更高的要求，必须了解当前网络用户的使用习惯和行为偏好。

2. 定位分析能力

农产品电子商务平台运营者通常兼顾线上线下两个市场，拥有良好的市场定位分析能力能让平台实现更多的盈利。对新鲜易腐的农产品来说，大到市场消费者分析，小到包装设计都直接关系到销售成本，定位分析不到位，可能会给农户造成严重损失。

3. 运营推广能力

这也是电商运营中的核心能力，也是整个农产品电商运营中最重要的环节。农产品电商需要借助平台进行卖货，因此，对运营推广来说，搞懂每个平台的游戏规则，特别是平台流量分配规则至关重要。从标题选词，到详情页卖点整理、首图调整等一系列细节都涉及平台流量推荐等级，如果盲目运营，必然事倍功半。

搞懂规则后，还需要进行数据分析，根据分析结果进行价格制定、活动设置、效果分析，这部分可以帮助实现免费的流量抓取。获得的免费流量越多，花在推广上的费用就越少，运营成本和效果就越好。一般来说，在店铺总流量中，免费流量能达到80%以上，一般付费流量尽量控制在20%以下。

4. 前景预判和风险把控能力

这部分主要针对团队运营的核心管理人员。网络经济泡沫是社会经济进入信息化后引起的演化情势，一旦出现新的“互联网+”模式，就有很多跟风者盲目进入，造成泡沫经济现象。农村电商有相当一部分运营者没有前期调查、预判，只是盯着“农产品+互联网”的所谓风口“进圈”，导致后期在农产品定位、消费群体对接上出现失误，造成损失。尤其农产品的生物特性容易受自然环境的影响，有相当的不可控性，这在很大程度上加大了对风险把控和前景预判的重要性。

5. 团队建设和管理能力

运营者的团队管理能力决定了整个网站的命运。农产品电商的运营往往是团队作业的过程，不同工作岗位职能不同，能力要求也不同，作为主要运营者，在招募团队、组建团队、管理团队的过程中就要具有前瞻性和团队协调组织能力。通过科学的薪酬设计和激励奖励制度调动大家的积极性，提高团队的凝聚力和工作效率。

6. 学习能力

农村电商模式的发展还处于不断探索的阶段，互联网技术变化也是日新月异，因此，对农产品电商运营者来说，不能照本宣科，认准一种模式、一个平台，而是要全面了解市场，了解互联网发展新技术在农产品电商中的运用。这个过程中，善于接受新事物，乐于接受新事物，不断提高自己的学习能力，才能更好应对随时变化的市场，获得更大收益。

1.4.3 电商运营职业规划表

做好电商运营的职业规划，能更好找准农产品的运营方向，提前做好对未来的设计，更高效地利用时间，实现品牌价值，

电商运营职业规划表可以包括以下几个方面：

自我盘点：全面、深入、客观地分析和了解自己，对自身优缺点进行分析，认清自己

在团队中的位置，做到“知己知彼，百战不殆”。

环境分析：全面、客观、正确地分析和了解自己将要从事的岗位、团队情况以及行业环境，尤其结合所要运营的农产品行业发展情况，这样才能做出符合实际的职业规划。

SWOT分析：结合自我盘点和环境分析，对职业规划进行SWOT分析，更直观全面地了解哪些是自己能做的、擅长做的，哪些是可以避开的，扬长避短，抓住机会实现发展。

最后，根据前项分析，制定电商运营职业规划表，见表1-2。

表1-2 电商运营职业规划表

<table>
<tr><td>姓　　名</td><td colspan="2"></td><td colspan="2">性　　别</td><td></td><td>年　　龄</td><td></td></tr>
<tr><td>健康状况</td><td colspan="2"></td><td colspan="2">政治面貌</td><td></td><td>专　　业</td><td></td></tr>
<tr><td>岗位意向</td><td colspan="7"></td></tr>
<tr><td>自我盘点</td><td colspan="7"></td></tr>
<tr><td>环境分析</td><td colspan="7"></td></tr>
<tr><td rowspan="2">SWOT分析</td><td>S</td><td colspan="2"></td><td>W</td><td colspan="3"></td></tr>
<tr><td>O</td><td colspan="2"></td><td>T</td><td colspan="3"></td></tr>
<tr><td rowspan="3">职业目标</td><td colspan="2">短期目标</td><td colspan="5"></td></tr>
<tr><td colspan="2">中期目标</td><td colspan="5"></td></tr>
<tr><td colspan="2">长期目标</td><td colspan="5"></td></tr>
</table>

1.5 农产品电商运营团队的管理

好的产品和品牌的发展离不开团队协作，农产品电商运营同样也需要团队协作能力，通过团队运营，提前制定好框架和方向，通过建立团队文化、设定具体目标、定期沟通、提供培训和激励措施，明确目标、绩效考核、良好沟通和协作，持续提升成员技能并建立激励机制，解决问题并优化工作流程，有效提高团队效率，实现团队和企业共同发展。并注意把握好细节，大小结合，才能为农产品电商的发展制定战略、布局战术目标。

1.5.1 农产品电商运营团队的岗位职责

根据农产品电商运营的五大板块，即店铺运营、农产品运营、活动运营、流量运营、客户运营，以及电商运营人员所需要的能力，可制作电商运营团队的岗位职责，见表1-3。

表1-3 电商运营团队的岗位职责

<table>
<tr><th>类　　别</th><th>具体分工</th><th>主要内容</th><th>日/周计划</th></tr>
<tr><td rowspan="3">店铺运营人员</td><td>店铺维护</td><td>店铺设计、装修、页面布局、产品更新</td><td rowspan="3"></td></tr>
<tr><td>数据分析</td><td>统计每日销售情况、店铺好评率、用户反馈、成交率、店铺访问深度、转换率等数据</td></tr>
<tr><td>技术支持</td><td>对互联网技术、设备等进行维护，对直播间、店铺的链接进行有效管理</td></tr>
</table>

续表

类　别	具体分工	主要内容	日/周计划
农产品运营人员	选品定价	市场调研，针对农产品特性进行市场对接，确定产品定价，以及衍生品、加工品、市场竞品等相关情况	
	产品策划	根据淡季、旺季，对产品的包装、推广、客户群体等进行详细规划	
	物流衔接	农产品的保鲜、物流运输等衔接配套，包括后期滞销品的处理等	
流量运营人员	网络公关	做好关系营销，根据电商规则提高产品排名；负责口碑营销，对负面消息及时做好危机处理工作；协调对外人际关系	
	广告策划	参与产品拓展调研，根据产品定位和策划，负责广告创意策略策划、图文设计、产品形象设计等；收集行业资讯，撰写相关推广文案	
活动运营人员	活动策划	联动广告策划和活动执行人员，负责产品及营销活动的策划、创意构思、推广；针对活动策划效果进行跟踪、评估，并提交效果的统计分析报表	
	活动执行	保证活动有效地落地执行，落实活动前期、中期、后期所需的物料及相关资源	
		涉及直播活动等，需要进行直播间主持、维护等工作、链接管理等	
客户运营人员	客服	负责售前、售中、售后的客户对接，为客户提供更优质的服务内容	

1.5.2　农产品电商运营团队绩效考核

绩效考核主要是用来反映和评估工作人员的工作技能和能力、知识水平、工作态度、工作表现、工作完成情况和效果、团队配合度等，从而更好地进行员工的绩效改进，提升技能，提高效率。

农产品电商运营团队的考核主要分为两类。一类是自评，在考核时，参与考核人员把自身所有的考核数据做好收集，并结合团队、个人绩效目标进行计算打分，这样就能清楚地知道自身的绩效达成度以及在工作中的不足，便于下一步工作的改进与优化。第二类是团队负责人评定，负责人结合客观实际的业绩数据以及自评的结果，还可以开展有针对性的绩效面谈，通过整体评定审核，了解相关人员工作期间内的工作成果、相应数据和审定结果，便于了解团队运营中可能出现的问题，及时调整，也能为后续团队运营提供有效参考。

农产品电商运营进行绩效考核设置时，应重点考虑以下几点：

1. 工作目标清晰明确

农产品电商运营最好根据团队发展的不同阶段，设定清晰可行的目标，这样能在一定程度上调动大家工作的积极性。

2. 工作内容详细，职责明确

团队协作过程中需要将团队成员的岗位内容做合理安排，从工作的态度（如主动性、团队合作性、敬业程度等）、工作成果、工作效率等维度进行综合呈现。工作考核标准也应尽可能量化，可以给每项内容细化出一些具体的档次并统一标准，每个档次用文字做详细描述，也可以用一些具体的事例来体现，让团队工作人员明确自己应该干什么，该干到什么程度。当然，大部分电商运营团队并不是“一个萝卜一个坑”，中间可能会有机动性调配。针对这种灵活的情况，也应该有相应的绩效反映。

3. 薪酬设计科学合理

绩效考核一个非常重要的作用就是评定工作人员薪资等级，把员工工作做得好坏通过指标客观量化和直观地表达出来，并根据员工贡献的大小给予事先约定好的激励，让工作人员能够从物质所得中获得成就感，因此，在将绩效和薪酬挂钩的过程中，要能够通过科学合理的绩效设计反映出工作人员的劳动成果。

4. 绩效内容设置要奖惩分明

部分企业进行绩效设置时，要么将奖励标准拉高、惩罚标准降低，要么就只有惩罚内容而缺少奖励部分，这会导致绩效考核成为企业单方面管理员工、用来扣钱的工具，从而打压工作人员的工作积极性，难以起到正负激励并存的效果。

5. 绩效考核体系尽可能简洁明了

农产品电商运营团队成分相较城市企业更加复杂，其中可能涉及务农人员，这部分工作人员相对来说对规章制度更为陌生，因此设计简单的考核指标和体系，能够更好地让管理者和工作人员抓住工作重点，从而把更多精力放在产品电商活动中。

6. 考核结果避免唯业绩论

唯业绩论可能导致工作人员为了提高其工作业绩而罔顾团队利益，以低价倾销农产品的方式提高自己的业绩量。针对这种情况，目前一般采用绩效考核机制与绩效系数制，考核其业绩的同时又考核其实际为团队带来的利润，更好地起到正向推动作用。

7. 农产品电商绩效考核数字化

农产品电商主要活动在网络销售领域，相关数据分析都可以借助数据挖掘技术进行更高效、快速、直观地呈现，农产品电商绩效考核可以利用平台方给出的相关数据进行数字化分析、考核。目前很多办公软件都能够实现绩效数字化。

最后要提醒的是，对于初次进行绩效考核的团队或岗位，在正式施行绩效考核前可以先有一段时间的试用，便于及时发现考核过程中的问题。在绩效设置调整过程中，重点考虑目标设定、数据指标、权重配比等相关标准的科学性、合理性是否到位，是否能够反映团队工作人员工作量与薪资报酬，避免差距过大造成团队的不稳定性。

1.5.3 农产品提升电商运营团队的竞争力

任何种类的电商运营中，产品质量都是核心。农产品电商以售卖农产品为主，农产品的好坏直接关系到运营团队的竞争力，在实践运营中应做到人无我有、人有我优、人优我廉。

1. 人无我有

对于市场上有需求的产品，别人生产不出来，你可以生产出来，就能够形成卖方市场，几乎就拥有核心竞争力了。这一方面主要需要团队在产品运营过程中加强市场调研，尤其对科技加持的新型农产品给予更多关注，在新农业态势下，发挥出农产品科研优势，从而快速精准地占有市场。

2. 人有我优

对于市场上常见的产品，如果能生产出品质更好、口感更佳、风味更正、安全性更高的产品，那么团队在后期的产品运营中将会大大减少宣传成本。这一方面，地标农产品占有绝对优势。地标农产品，全称地理标志农产品，指标示某商品来源于某地区，该商品的特定质量、信誉或者其他特征，主要由该地区的自然因素或者人文因素所决定。由于具备特定的自然环境、地理因素或是人文因素，使得产出的农产品优质而具有较好口碑，从而在市场上有长期、稳定的需求。

3. 人优我廉

对大部分农产品来说，能够做到的是人优我廉。在电商环境中，同样优秀的品质，性价比是消费者极其看重的一个方面，也是电商团队运营过程中重点呈现的内容，这一点尤其在一些产品运营的初级阶段比较明显。很多电商品牌往往是靠高性价比打入市场，占有流量，获得注意力资源。值得注意的是，不同水平的消费者对性价比的要求也是不同的，例如，安全、风味好的高端肉品和蛋品，在一线城市是强需求，而在四五线城市，安全、廉价的农产品才是消费的主流。

总而言之，农产品提升电商运营的竞争力关键在于做到农产品差异化。农产品本身始终是消费者做出购买决策时核心考虑的部分，无论其在B端还是C端。因此，要打造核心竞争优势，提高农产品电商的性价比，不断研发新内容，扩大其市场知名度，既是电商团队运营的主要工作，也是其竞争力的直接体现。

1.6 电商运营与推广的常见术语

标品/非标品：标品一般是有官方的规格和型号，款式与外表相同，如手机、计算机、家电等；非标品指的是那些没有明确规格和型号的商品，如服装类、鞋子等，款式多种多样。

成图率：指每一百个购买产品的用户，百分之多少会自发地拍照分享。按照其社交货币价值，成图率可以成为一款产品能否爆红的关键考核指标。

电商营销IP：电商平台打造的各类营销活动栏目，品牌做这类营销IP活动，可以置换到平台的流量资源，但前提是品牌也需要自身投入市场资源来做方案PK。

动销率/滞销率：店铺中有销量的商品与全店所有商品的比值为动销率；与动销率相对应，滞销率是滞销商品与全店商品的比值。

公域/私域/商域：公域流量，是指由所在平台主动分配的流量；私域流量，指可以被自由反复利用，并且能够稳定触达的流量；商域流量，指平台从公域流量划出来，以付费为主要分配标准的流量，商域流量本质上还是公域流量，只不过分配流量的标准变成了以付费为主。

货品结构：通过稀缺程度对货品进行“金字塔”形的分类。通常金字塔尖的为话题引流款，又称“尖货”，中部的为起量款或常青款，底部的为承接款或长尾款。

价格带：各个商品品种销售价格的上限与下限之间的范围。如果销售价格的种类很多，则必然导致顾客不需要的商品增加，使顾客选择商品成为困难，并失去了商店的特性。

快闪店：pop-up shop，一种不在同一地久留的品牌游击店。在商业发达的地区设置临时性的铺位，供零售商在比较短的时间内（若干星期）推销其品牌。

坑位/坑产：坑位即固定的广告位，坑产就是产品在这个固定广告位的销售额。

库存深度：库存深度=当月库存/下月销售计划。库存深度为2～3最为合适，高于此范围，会造成库存积压，降低库存年度周转次数；低于此范围，会造成货源供应不上，无法满足正常生产的需求。

冷启动：指那些以没内容、没用户的网站/账号开始的初始启动。冷启动通常要一定程度的付费推广去支持。

流量洼地：价值更高，价格更低，有流量的入口，一般出现在早期，随着用户增多，流量红利会慢慢消失。

内容电商：区别于以天猫、京东等电商平台的货架型、以交易为直接目的的一种电商生态，更多是先通过内容吸引用户，然后在其中软性植入产品相关信息，引发消费者的潜在购物欲，最后达成交易的目的。

全域营销：最早是由阿里提出，通过数据驱动、以消费者为中心的数智化营销方法论。品牌商家从媒体传播端、电商购物端的全链路、全渠道追踪用户ID账户，让消费者的行为、踪迹被可视化，最终的目的是精准有效地运营每一个用户。

区域公用品牌：由产地内许多经营者共同使用，品牌权益不属于个人、企业或任何团体，具有权益共享的特点，命名主要是由“产地名+品类名”构成。

人群资产：最早是由阿里提出，将品牌商家在线上的人群用户通过定量化统计得出的结构类型，统计的模型是A-I-P-L。A代表认知人群、I代表兴趣人群、P代表购买人群、L代表忠诚人群。

人群数据回流：品牌在站外媒体端投放的人群标签等数据，回流到电商平台的数据库，用于后续站内做二次触达，实现精准转化。

社交电商：区别于天猫、京东等大型电商平台的一种电商生态，更加依托于人与人之间的社交关系完成商品交易。

淘客：一种按成交计费的推广模式，也指通过推广赚取收益的一类人。

效果营销：与品牌营销相对，以追求数据结果为导向的一种营销模式。

预热：为了让消费者看到即将开始的活动力度形式，在活动开始之前的预告和氛围营造。

预售：已然在售卖商品，这个商品可能不是现货或者即使是现货，一般也没有办法全额支付。

自播/店播：指品牌商家自己在平台上发起的电商直播，通常区别于明星、头部主播的直播。

站内/站外：相对于电商平台来划分的，电商平台中的称为站内；品牌在社交平台、线下等外围所有渠道的都称为站外。

B店/C店：B店指天猫商城的店铺，开设天猫店铺的一般都是大的商家、品牌商；C店指在淘宝上开店的卖家，就是针对个人用户开店的，目前无须缴纳费用即可申请免费开店。

S级/A级/B级：电商促销活动的等级划分，不同等级大促流量不同，S级＞A级＞

B级。S级指平台级大促，A级指的是行业类目级促销，B级指的是店铺级常规促销活动。

ATV：average transaction value，客单价，每一位顾客平均购买的商品金额。ATV=营业额/客单数。

bounce rate：跳失率，指显示顾客通过相应入口进入，只访问了一个页面就离开的访问次数占该页面总访问次数的比例。

Combo：组合款，电商销售中，商家经常将几件商品组合在一起进行售卖。

C2B：customer to business，从消费者到企业，即先有消费者提出需求，后有生产企业按需求组织生产。

C2F：customer to factory，从消费者到工厂，即消费者通过互联网向工厂定制个性商品的一种新型网上购物行为。

C2M：consumer to manufacture，从消费者到生产者，通过互联网对消费者的信息进行搜集、整合，从中分析出消费者的需求状况，然后将这些信息发送给制造者，生成订单。

CPS：cost per sales，按销售提点收费。

CPUV：cost per UV，每一个由媒体投放带来的进店流量的成本。

CVR：conversion rate，转化率，CVR=一天的成交访客量/总访客量，转化率越高访客质量越高。

CTR：click through rate，点击率，全称为一段时间的点击量除以展现量，可以测试出广告图是不是有吸引力。

DAU：daily active user，日活跃用户数量。一般用于反映网站、互联网应用等运营情况。还有MAU（月活量）。

DMP：达摩盘，基于商业化营销场景打造的人群精细化运营定向中台，涵盖消费行为、兴趣偏好、地理位置等海量数据标签，为商家提供个性化人群圈选，识别店铺高价值人群，人群画像洞察与偏好分析，以及投放用户链路追踪能力，以满足商家个性化精准营销需求。

DP：douyin partner，抖音官方认证的运营服务商。

DSR：detail seller rating，卖家服务评级系统，包括的指标有宝贝与描述相符、卖家的服务态度、卖家发货的速度、物流公司的服务。每项店铺评分取连续六个月内所有买家给予评分的算术平均值。

DTC：direct to consumer，去中间商，缩短中间环节，无须依赖传统的批发商和中间渠道，直接与消费者互动，及时掌握消费者的购物行为和用户画像。

FAST：阿里系营销模型，相比于AIPL是从量上统计品牌的人群资产总量，FAST是从质上衡量品牌人群资产健康程度的模型。F，全称fertility，指AIPL总量；A，全称advancing，指AIPL转化率；S，全称superiority，指会员总量；T，全称thriving，指会员活跃率。

FSS：flagship store，品牌在电商上开的官方旗舰店。

GROW：用于指导快消服饰行业品类的增长模型。GROW分别代表着品牌实现增长的4个决策因子：G，全称gain，指提升渗透力；R，全称retain，指提升复购力；O，全称boost，指提升价格力；W，全称widen，指提升新品延展力。

GTA：GMV to AIPL，通过GMV销售额，反向测算AIPL各链路上的人群体量需求，让品牌在营销上的投入更加有的放矢。反推的标准是针对以往新客、老客的销售占比，分别测算出A、I和P、L所需的体量，再根据不同链路人群的转化率算出对应所需的人群体量。

GWP：gift with purchase，赠品，电商购物中，品牌商家为了刺激消费者购买达到一定金额门槛，设定的奖励机制。

ISV：independent software vendors，加入淘宝服务频道或者开放平台的开发者及企业，拥有淘宝全行业开放的权限，普通服务商只开放了少量行业的权限，产品功能比较单一，适用的行业商户有限。

KA：key account，该类目的优质大卖家，销售额在行业类排名前列。成为平台KA商家，将会获得一系列优先的特权和扶持。

Mar-tech：marketing technology，营销技术，利用技术手段，实现营销目标的举措和工具。

MCN：multi-channel network，又称多频道网络，广义上是指有能力服务和管理一定规模账号的内容创作机构。内容创作机构成为MCN后，可获得平台的专属资源和政策倾斜，并通过持续运营，不断提升旗下账号矩阵规模和活跃度，扩大自品牌影响力，提升其商业价值。

ODM：original design manufacturer，原始设计制造商，承接设计制造业务的制造商称为ODM，多为贴牌销售，即工厂的产品，贴别人的品牌，其生产出来的产品就是ODM产品。

OEM：original equipment manufacturer，原始设备制造商，品牌生产者不直接生产产品，而是利用自己掌握的关键的核心技术负责设计和开发新产品，控制销售渠道，委托他人生产的合作方式简称OEM，承接加工任务的制造商被称为OEM厂商，即代工或代生产，用别人的技术和品牌，工厂只负责生产，其生产的产品称为OEM产品。

OMS：order management system，订单管理系统。

PDP：product detail page，品牌商家店里的产品详情页或者宝贝详情页。

Rundown：活动的流程表，用于计划活动执行期的时间安排，可以精确到分钟。

SKU：stock keeping unit，商品不可再分的最小单元。

SPU：standard product unit，商品聚合信息的最小单位。

TGI：target group index，反映目标群体在特定研究范围（如地理区域、人口统计领域、媒体受众、产品消费者）内的强势或弱势的指数。

TP：taobao partner，最早指在淘宝认证的服务商家的托管，现在泛指电商代运营服务商。

TopView：抖音推出的一种超级首位广告，前3秒霸屏无干扰沉浸式观看体验，第4秒开始原生融入信息流，在视觉和感官上助力品牌广告主实现强势曝光与高效触达。

UED：user experience design，用户体验设计，对品牌店铺商品陈列、页面视觉设计的规范。

WMS：warehouse management system，仓库管理系统。

WOM：word of mouth，口碑营销。电商中经常需要征集买家秀、晒单等行为。

1.7 电商运营与推广的重要目标：用户转化

电商运营中，不管哪个环节，最后的目标都是用户转化，因为用户转化是网站最终能否盈利的核心之一。要想实现用户转化，除了客户运营，还需要在市场、产品、竞争对手等方面着力。

1．研究市场竞争对手

同一个市场，往往存在几类竞品，尤其互联网经济中，经历大浪淘沙，最后能留下的往往只有为数不多的几个品牌。对竞争对手进行深入的对比和研究，能有效地加深自己对市场和产品的了解。

在调研过程中，可以对行业排名前十到二十的产品进行分析，将标题、图片、简介、价格、发货方式和库存等内容一一对照分析，研究其经营模式和亮点，帮助自己对行业有更加全面的认识，为后面经营战略的制定提供参考案例。

2．寻找核心竞争力

了解竞争对手的情况和市场的概况之后，需要寻找自身产品的核心竞争力。产品的核心竞争力也就是产品的核心卖点，是吸引消费者最重要的内容。产品是否能够填补市场的空白？是以性价比取胜还是以差异度取胜？经营策略有什么亮点？这些都是卖家需要思考的问题，也是提高市场转化的关键点。

3．策划有效的营销活动

当前电商环境中，几乎每个月都有大大小小各种电商活动，成功的活动策划可以有效提高流量，从而获得用户的关注度，实现客户转化。在策划相关活动之前，要结合自身农产品的特性，从农产品的目标客户入手，分析他们的需求点，通盘考虑最终想要实现的效果，从而调整自身的农产品来吸引客户。

针对农产品流量较低的情况，有时候也可以通过蹭热度的方式获取关注度。如2023年五一劳动节期间，山东淄博烧烤大火，吸引了一大批网红、旅行博主、普通网民前去旅游，高青黑牛作为烧烤中的一大亮点，以其美味价廉也同步出圈。

4．做好客户运营

此过程贯穿售前、售中和售后整个阶段，需要对客户关系进行有效管理，从而提高客户信任感，消除用户防御。互联网属于虚拟经济，用户在没有亲眼见到实物的前提下，做出购买行为前会有很多的怀疑：这是不是骗人的？真的和描述的一样吗？如果有问题会怎么处理？因此售前要注重建立用户对产品方的信任感，打消客户疑虑；售中也要注意关注客户体验感，有问题及时沟通解决，避免进入平台介入的步骤，通过提升服务质量提高产品销售整体满意度；售后也应该有相应的保障措施来解决农产品售后服务期间可能出现的问题，从而提高客户黏性，提升品牌忠诚度。

新农人是带领农村走向现代化、实现共同富裕的主要力量，农产品电商作为未来新农业发展的一大趋势，值得用心研究和深入运营。了解农村电商的特性，认识农村电商当前面临的挑战和机遇，才能更好地掌握农产品电商的运营模式，抓住当前的“风口”，让我国农业焕发新的生机。

思政园地

农产品直播乱象频发 农商行业亟待整治

【流量至上 农产品视频违反常识】

近几年来，全国农产品网络零售额逐年增长，从2019年的3 975亿元增长到了2022年的5 313.8亿元，与此同时，电商直播卖货行业的竞争也越来越激烈。网络平台"流量至上"的规则，导致小农电商在与大电商处于同一规则下竞争时，越来越处于不利地位，因此部分农村主播由于自身流量有限，带货效果不够理想，开始用内容夸张、违反常识的视频来博取流量。

尤其是在2020年后，农产品直播带货开始成为主流。农村电商也不得不研究流量规则，千方百计吸引用户，获得最大的收益。于是开始出现了诸如山竹长满树干、四季结草莓、地里长鸡蛋等违反常识的视频，试图以新、奇、异来吸引流量。但这些违反常识的农产品带货直播，对农产品电商产业产生不良影响。

央视新闻曝光"山竹长满树干"

【普法链接】

2022年6月，国家广播电视总局、文化和旅游部共同制定了《网络主播行为规范》，其中明确规定：网络主播在提供网络表演及视听节目服务过程中，不得出现夸张宣传误导消费者等违反广告相关法律法规的行为。对出现违规行为的网络主播，要强化警示和约束；对问题性质严重、多次出现问题且屡教不改的网络主播，应当封禁账号，将相关网络主播纳入"黑名单"或"警示名单"，不允许以更换账号或更换平台等形式再度开播。对构成犯罪的网络主播，依法追究刑事责任。

【虚假宣传 看到的≠拿到的】

直播卖货以价廉物美为噱头，但直播间展示的样品和消费者拿到手的样品却天差地别。甚至部分农产品主播还会在直播间进行"主播选果""直播装箱"等贴上用户的ID后发货，但即便是有这样的流程，消费者实际收到的产品却并非直播间看到的产品。

经电商渠道从农户直接到消费者手中的产品，时常出现质量良莠不齐、以次充好、缺斤短两的情况。即便销售者在发货时筛选和检查了发货产品，但农产品对仓储运输要求高，不经过专业处理，保鲜时间非常有限。如果在包装时没有经过专业包装，运输过程中的磕碰挤压也会导致农产品腐坏变质，从而导致售后问题严重。

此外，还有不少网络电商平台利用“苹果滞销帮帮我们”“柑橘滞销帮帮我们”等文字，并配有老人照片的营销模式推销农产品，消费者在献爱心后发现被欺骗，无疑是打击了社会的良善。

【普法链接】

《反不正当竞争法》第八条规定：“经营者不得对商品的性能、功能、质量、销售状况、用户评价、曾获荣誉等作虚假或者引人误解的商业宣传，欺骗、误导消费者。经营者不得通过组织虚假交易等方式，帮助其他经营者进行虚假或者引人误解的商业宣传。”，经营者违反第八条规定的由监督检查部门责令停止违法行为，处二十万元以上一百万元以下的罚款；情节严重的，处一百万元以上二百万元以下的罚款，可以吊销营业执照。

商家根据消费者的要求在直播间进行现场装箱，是与消费者在订立买卖合同的过程中约定标的物的品质、数量的行为。在实际交付过程中交付不同的标的物，根据《中华人民共和国民法典》第五百八十三条【违约损害赔偿责任】：“当事人一方不履行合同义务或者履行合同义务不符合约定的，在履行义务或者采取补救措施后，对方还有其他损失的，应当赔偿损失。”

《消费者权益保护法》第八条规定：“消费者享有知悉其购买、使用的商品或者接受的服务的真实情况的权利。”商家为达到销售商品目的，故意夸大甚至虚构商品客观情况，以“滞销”为名推销商品，该行为侵犯了消费者的知情权，并且足以导致消费者对商品的真实情况产生误解，属于欺诈行为。《消费者权益保护法》第五十五条规定：“经营者提供商品或者服务有欺诈行为的，应当按照消费者的要求增加赔偿其受到的损失，增加赔偿的金额为消费者购买商品的价款或者接受服务的费用的三倍；增加赔偿的金额不足五百元的，为五百元。”

擅自使用他人照片进行销售行为侵害肖像权、著作权。《中华人民共和国民法典》第一千零一十九条规定：“任何组织或者个人不得以丑化、污损，或者利用信息技术手段伪造等方式侵害他人的肖像权。未经肖像权人同意，不得制作、使用、公开肖像权人的肖像，但是法律另有规定的除外。”未经肖像权人同意，肖像作品权利人不得以发表、复制、发行、出租、展览等方式使用或者公开肖像权人的肖像。《中华人民共和国民法典》第一千一百八十三条规定：“侵害自然人人身权益造成严重精神损害的，被侵权人有权请求精神损害赔偿。”

【直播擦边　不利于农业文化良性发展】

夸大宣传、售卖山寨、打擦边球是当前直播带货的三大乱象。农产品直播流量本身处于弱势，再加上农村文明建设有待进一步发展，农产品直播中也开始出现土味视频、擦边球直播等现象以吸引流量。

某些直播间的带货视频中，为了达到商品促销的目的，个别主播不惜以软色情方式吸引流量，不仅违背公序良俗，也不利于整个农产品电商行业的健康发展。

【普法链接】

2022年6月，国家广播电视总局、文化和旅游部共同联合发布的《网络主播行为规范》规定，网络主播在提供网络表演及视听节目服务过程中，不得出现服饰妆容、语言行为、直播间布景等展现带有性暗示、性挑逗内容的行为。

项目实施

任务1.1　分析湖北省秭归县脐橙园的电商发展

步骤1：案例研读——农产品电商模式的形成发展

秭归县位于湖北省西部，地处长江三峡大坝库首，培植柑橘历史悠久，是中国首个“中国脐橙之乡”。

秭归独特的地理位置使其土壤适宜、空气清新、生态环境优越，让秭归脐橙独秀橘林，贮备柑橘品种103个（其中脐橙37个，在国内同级贮备最多），并利用三峡库区“湖北冬暖中心”的特殊气候优势，创新发展，选育新品种，形成“一年四季均有鲜橙”的产品格局，是全国唯一全年有鲜橙供应的柑橘产区。

近年来，随着农村电商的兴盛发展，秭归柑橘也开始触网。全县65家重点电商企业与3 582户农户、110家农民专业合作社结成帮扶对子，通过配方施肥、病虫害绿色防控、晚熟采收等措施，4万多亩柑橘种植基地实现标准化。

由于脐橙园都在高山陡坡之间，物流运输成为一大难题。2019年，秭归县通过搭建电网对动力设备电气化升级改造，在果园和公路之间架起了总长250 m的电动轨道。这样的田间轨道运输车有588条，总长11.93万m，它们将4万亩产出的脐橙从山坡运到公路旁，完成了脐橙“出山”的第一步。出山后，县里将县内快递公司、电商企业、农村综合运输服务站等调动起来，建设了“多业融合、多点合一”的村级物流服务体系。

当地村民表示，以前人工背一趟橙子上下山要20 min，现在只需4 min就可以将橙子运到公路边，还不用担心人工运输的安全隐患。基地每年产脐橙50万斤，过去转运费每斤是1角2分钱，现在只要5分钱，总共节约3.5万元。

此外，秭归92个行政村在商超、便利店建立村级服务站点，75个行政村有专人开展快递代理服务，12家通村客运公司70余台客车参与快递捎带服务……通过设立县、乡、村三级电商服务站点，秭归实现村级电商服务站和物流体系建设全覆盖。

就这样，秭归搭建农产品出村的电商通道，“电商+网红+直播+短视频”的线上营销新模式逐渐形成。

步骤2：个案研究——搭乘农产品电商快车走上致富路

秭归着力做好电商人才引进和培育工作，先后开展直播带货、产品运营、售后客服等培训107期，培训电商学员超5.8万人次。县城电商企业达2 600多家、网店达8 100多家，从业人员超过6万人。

在这样的环境和政策支持下，屈姑食品、辰颐物语等一批本地电商快速成长。屈姑集团销售总监李玲玲介绍，通过搭建电商分销平台，屈姑脐橙产品出口150余个国家，电商销售额突破1亿元。

不只企业，农民也在电商市场中获益。68岁果农周功寿立好三脚架，架上两部手机，就可以开始抖音直播卖货。周功寿是秭归县王家岭村五组村民，种了23亩脐橙。拥有1.1万粉丝的他，短短几个月，就将1 000多箱脐橙卖到了全国各地。

步骤3：理论沿用——湖北省秭归县脐橙园电商发展的启示

湖北秭归通过搭建完善的农产品电商发展模式，实现物流的全面覆盖，保证农产品第一时间送到消费者手里。全县约30%的脐橙通过网络直达“舌尖”，电商年销售总额超30亿元。

调研分析：借鉴湖北秭归脐橙农产品电商的发展模式，学校所在省市地有哪些农产品可以进行规模化生产，应该如何搭建其电商运营模式？

任务 1.2　组建农村电商运营团队

针对任务1.1，根据前面的理论知识，分组组建电商运营团队，为本地农产品设计较为可行的运营模式，并按照小组分工，为农产品的售卖策划切实可行的活动。

项目小结

本项目首先学习了农村电商的定义、特点，通过研读国家当前在农村电商发展的战略部署，从现有的相关政策分析农村电商面临的挑战和机遇；针对农产品电商的特点及其运营模式做了详细分析，结合当前科学技术的发展，在新农业的态势下去了解农产品电商的发展。

在掌握了这些基础知识之后，首先完成了理论到实践的沿用，通过案例分析，熟练掌握农产品电商的运营模式、农产品电商的运营流程和营销重点，通过组建农产品电商团队，熟悉电商团队的运营管理，并在农村电商的实践中，利用农产品特性组织策划相应的活动。

拓展知识

了解技术创新在提升农产品电商效率和竞争力方面的作用，激发学生对技术创新的兴趣和应用能力。

1. 区块链技术

区块链是一种分布式账本技术，具有不可篡改、透明和去中心化的特点。在农产品电商领域，区块链可以记录产品从生产到销售的每个环节，实现全程可追溯。例如，某农产品品牌使用区块链技术记录产品的种植、加工、运输和销售数据，消费者可以通过扫描二维码了解产品的详细信息，从而提高食品安全性和透明度，增强消费者信任。

2. 大数据分析

大数据分析通过对大量数据进行处理和分析，帮助企业做出更科学的决策。在农产品电商中，大数据可以用于分析市场需求、预测消费者行为和优化营销策略。例如，电商平台可以分析用户的浏览和购买记录，了解消费者偏好，并进行个性化推荐，提高销售转化率。此外，还可以通过大数据分析市场趋势，调整产品供应和库存管理，避免供需失衡。

3. 人工智能

人工智能（AI）通过机器学习和自然语言处理等技术，模拟人类智能，实现自动化和智能化的操作。在农产品电商中，AI技术可以用于智能客服，通过自动回答用户问题提高服务效率；推荐系统可以根据用户行为和偏好，向其推荐相关产品，增加购买可能性；AI还可以优化供应链管理，通过预测需求和调整库存，提高供应链效率和响应速度。

4. 物联网

在农业生产中，物联网设备可以监测土壤湿度、气温、病虫害等参数，帮助农民进行精细化管理，提高生产效率。在物流环节，物联网技术可以监控冷链运输过程中的温度和湿度，确保农产品在运输过程中的新鲜度和质量。此外，物联网还可以用于仓储管理，通过实时监控库存情况，优化仓储空间和物流流程。

5. 无人机与自动化技术

无人机和自动化技术在农业和物流领域具有广泛的应用。无人机可以用于农田监测，实时获取作物生长情况、土壤状况和病虫害信息，帮助农民及时采取措施，提高生产效率和作物质量。在病虫害防治方面，无人机可以进行精准喷洒农药，减少农药使用量，降低环境污染。在物流配送环节，无人机和自动化技术可以提高仓储和配送效率，降低人力成本，确保农产品及时送达消费者手中。

通过引入和应用先进的农产品电商技术，农产品电商可以显著提升供应链的效率和透明度，改善消费者体验，增强市场竞争力。同时，学生通过学习这些技术创新的应用案例和实际效果，可以拓宽视野，增强技术应用能力，为未来的职业发展奠定坚实基础。

知识巩固

1. 结合具体案例说明农村电商发展面临的挑战。
2. 分析农产品认养模式的优劣势。
3. 简述目前农产品流量运营的三种形式。
4. 分析你家乡的农产品是否适合电商，如果适合，可以怎样开展。

拓展任务

在网上关注一个农产品电商直播间，在直播间与主播互动，并下单购买一款农产品，体验农产品电商的全过程，并分析该直播间的特色、营销模式和物流、售后等环节呈现出的优劣势。

项目评测

学习成果达成与测评

<table>
<tr><td>学号</td><td></td><td>姓名</td><td></td><td>项目序号</td><td></td><td>项目名称</td><td>农村电商与农产品电商</td><td>学时</td><td>6</td><td>学分</td><td>0.2</td></tr>
<tr><td>职业技能等级</td><td colspan="2">中级</td><td colspan="3">职业能力</td><td colspan="4"></td><td>子任务数</td><td>3个</td></tr>
<tr><td>序号</td><td colspan="4">评价内容</td><td colspan="6">评价标准</td><td>分数</td></tr>
<tr><td>1</td><td colspan="4">构建电商运营模式</td><td colspan="6">能够通过分析成功的个案，结合区域发展特色，提出相对完整的电商运营思路</td><td></td></tr>
<tr><td>2</td><td colspan="4">组建电商运营团队</td><td colspan="6">能够根据岗位需求和个人特长，组建基础的电商运营团队</td><td></td></tr>
<tr><td>3</td><td colspan="4">农产品电商法律法规</td><td colspan="6">熟悉明确电商法律法规</td><td></td></tr>
<tr><td rowspan="2">考核评价</td><td colspan="10">项目整体分数（每项评价内容分值为1分）</td><td></td></tr>
<tr><td colspan="11">指导教师评语</td></tr>
<tr><td>备注</td><td colspan="11">奖励：
1. 按照完成质量给予1～10分奖励，额外加分不超过5分。
2. 每超额完成1个任务，额外加分3分。
3. 巩固提升任务完成优秀，额外加分2分。
惩罚：
1. 完成任务超过规定时间扣2分。
2. 完成任务有缺项每项扣2分。
3. 任务实施报告编写歪曲事实，个人杜撰或有抄袭内容不予评分。</td></tr>
</table>

学习成果实施报告书

<table>
<tr><td>题目</td><td colspan="5"></td></tr>
<tr><td>班级</td><td></td><td>姓名</td><td></td><td>学号</td><td></td></tr>
<tr><td colspan="6">任务实施报告</td></tr>
<tr><td colspan="6">简述本工作任务学习过程中完成的各项任务，描述任务规划以及实施过程，遇到的重点、难点、解决过程和办法，撰写有特色的代表性农产品电商个案研究报告，字数要求不低于800。</td></tr>
<tr><td colspan="6">考核评价（按10分制）</td></tr>
<tr><td colspan="3" rowspan="2">教师评语：</td><td colspan="2">态度分数</td><td></td></tr>
<tr><td colspan="2">工作量分数</td><td></td></tr>
<tr><td colspan="6">考评规则</td></tr>
<tr><td colspan="6">工作量考核标准
1. 任务完成及时。
2. 操作规范。
3. 实施报告书内容真实可靠，条理清晰，文本流畅，逻辑性强。
4. 没有完成工作量，扣1分，故意抄袭实施报告扣5分。</td></tr>
</table>

项目2 农产品电商运营的整体思维与常用策略

学习目标

【知识目标】

◎ 掌握农产品电商运营的整体思维；

◎ 掌握农产品电商运营的常用策略。

【能力目标】

◎ 能够根据不同农产品特点，运用不同的思维技巧；

◎ 能够根据不同农产品特点，想出合适的运营策略。

【素质目标】

◎ 深刻认识掌握运营思维的重要性和运营策略的必要性；

◎ 深刻认识农产品电商运营对乡村振兴的助力。

项目概述

【场境案例】

潜江小龙虾云端加速度　打造数字化产业带

2022年拼多多启动“农云行动”，投入优势资源，推动全国100个农产区更快更好“拼上云端”，打造更具韧性和竞争力的数字化农产带，潜江小龙虾产业带也在扶持范围内。前不久，拼多多“农云行动”走进潜江，为小龙虾商家提供一对一定向运营指导，并为新老商家提供流量、资源和运营策略支持。

“今年，我们调整了线上运营策略，扩大原有团队规模。”新柳伍食品集团电商部门负责人表示，在拼多多有针对性的指导下，公司基于店铺以往销售数据分析，重新组合规格、研发新品，麻辣口味小龙虾销售最火爆，其次是蒜蓉口味。

小龙虾行业内的翘楚湖北莱克集团电商负责人陈晓勇说：“我们通过拼多多等电商平台迅速积累了口碑与知名度，通过各种分享、拼单、先用后付等新式的品牌打法，迅速捕获了消费者的胃和好感度。”陈晓勇还介绍说线上营销大数据可以反哺上游养殖、研发及深加工的精细化运营，从而更容易出爆款。

（资料来源：编者依据网络资料改写。）

【情境描述】

某省农产品电商“绿色优鲜”发布了一则促销活动，吸引了大量顾客购买。但是由于快递配送供应链出现问题，导致部分蔬菜在运输过程中受损，影响了顾客的购买体验。

如果这个农产品电商的运营者具备整体思维，他们就会更好地考虑到快递供应链的重要性，以及如何避免类似情况的发生。

【课堂讨论】

1. 小龙虾在销售的过程中，会经历哪些环节？

2. 潜江小龙虾在销售的过程中采用了哪些策略？

思维导图

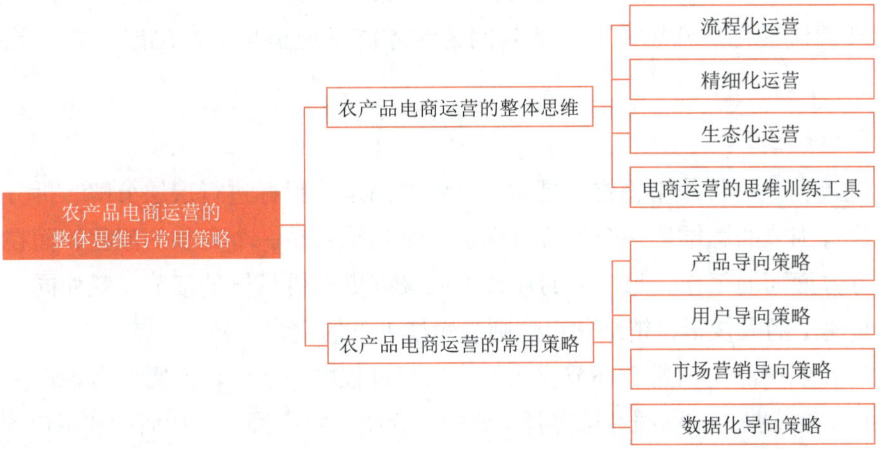

知识准备

近年来，农产品电商发展如火如荼，这为农产品的销售搭建了许多平台，有效地促进了农村经济的发展。但随着技术和社会环境的不断变化，农产品电商运营逐渐成为一个难点，新思维、新策略越来越被运营者重视。

本项目将详细介绍农产品电商运营过程中所具备的思维方式和相关策略，思维方式包括流程化运营、精细化运营、生态化运营，并给出了两种常用的思维训练工具；运营策略则包括产品导向、用户导向、市场营销导向和数据导向等。

2.1 农产品电商运营的整体思维

思路决定出路，思维决定高度。作为在运营工作中指导着一切运营行为的“人脑系统”程序，思维涉及所有的认知或智力活动，它探索与发现事物的内部本质联系和规律性，是认识过程的高级阶段。

在农产品电商运营过程中，思维占据着举足轻重的地位。懂得运用思维技巧，才能看透事物的规律和本质，快速建立认知，预见和推动事物的进程，从而指导实践活动。作为一名农产品电商运营者，需要掌握流程化运营、精细化运营、生态化运营的整体思维，才能够在农产品电商运营这条路上走得更远、走得更好。

2.1.1 流程化运营

流程化运营思维是指在农产品电商运营过程中思考问题、执行具体运营计划时，需要从整体到局部按照流程顺序和参与者，将一切相关的活动步骤和内容进行梳理，然后不断优化的思维方式。简单地说，即为某项农产品运营有几个环节，每个环节需要什么以及运营者可以做些什么，最后运营者想要达成什么目标。

农产品电商运营工作烦琐冗杂，宏观上从前期的市场策划和竞争分析、产品策划和选品，到中期的店铺设计和建设、推广和营销，再到后期的订单管理和物流配送、售后服务和客户维护，微观上一个产品从选品、定价、上架到营销推广再到发货售后，每个关键环节需要哪些资源和沟通，都应提前思考谋划、统筹清楚，并形成相应的流程图。只有在清晰的流程化运营思维下，遇到问题时才能迅速梳理清楚思路，抓住关键，有效化解。

2.1.2 精细化运营

精细化运营是一种战略思维，是对一个农产品运营目标进行层层分解、拆分，梳理出每个流程执行细节的思维。一个运营目标从开始到结束是一个完整的流程，而在这个流程中又涉及方方面面的工作，每个大的环节下面又有更多更具体的细节。就如同一棵树，流程化运营是树上的大枝干，精细化运营则是大枝干下的众多小枝丫。

例如，在农产品上架这个环节，在具体执行过程中，运营者则需要考虑产品名称如何写、产品照片放几张、主图照片选哪张、详情页介绍内容有哪些、如何增加用户体验等诸多细节。精细化运营思维是从战略视角去管理和把控整个项目，让运营者对所运营的产品做到可知可控，细节执行到尽善尽美。精细化运营的逻辑越清晰越具体，越有利于运营目标实现落地。

2.1.3 生态化运营

生态化运营思维是一种整体做事方式，它要求运营者必须从全局考虑某一件事是否会影响其他板块的运行。共同处于产品运营大生态下的不同环节，会因为哪些部分哪些原因影响整个生态的“平衡”。

以农产品电商运营为例，从网店的搭建、产品的选择、价格的确定到上架营销推广再到用户购买、物流售后等一系列环节，在其中参与的运营者、产品、用户等角色要做到互为价值、和谐共存、共同驱动。

2.1.4 电商运营的思维训练工具

在农产品电商运营中做前期工作规划时，可以使用XMind和MindManager等工具来协助做流程整理和细节把控。

XMind是一款全功能的思维导图和头脑风暴软件，支持利用鱼骨图、矩阵图、组织结构图、树状图、时间轴等多种结构的思维导图快速记录每一个想法，拆解复杂问题，制订策略和行动计划，梳理有效信息、提取关键词、标记重点、加入颜色和图片等视觉信息，实现思维的可视化，提升工作效率。

MindManager被称为最强大的思维导图软件之一，包含时间线、流程图、概念图、洋葱图、漏斗图、矩阵图等结构视图，在项目管理、流程管理、数据计算等方面功能强大，可视化的绘图让用户界面非常直观、友好，对运营者有序地组织思维、资源和项目进程有很大帮助。

2.2 农产品电商运营的常用策略

农产品电商运营策略是指通过各种手段和渠道，推广和销售电商平台上的农产品，吸引潜在客户，提高销售额和市场份额。善用农产品电商运营策略，有利于促进农业信息化和农产品电商的发展，对当前经济的发展转型也具有一定的借鉴意义。

2.2.1 产品导向策略

产品导向策略的目标是通过突出产品的功能和优势来创造对产品的需求，其中产品是业绩增长的主要驱动力。它更专注于推广和销售产品，而不是服务或品牌，这将成为挖掘潜在客户并开拓更大市场的有效方式。

在以产品为主导的营销策略中，首先需要了解所运营农产品的目标市场及其需求，确定产品的独特卖点，然后创建与目标客户产生共鸣的产品信息，制订与产品信息一致的内容计划，使用有效的渠道到达目标市场，以期产生高质量的潜在客户。

2.2.2 用户导向策略

用户导向策略是指在农产品电商运营的各个环节，运营者要学会“以用户为中心”去思考问题，在推进业务的同时多了解用户想要什么、需要什么。只有深度理解用户，才能更好地生存和发展。

在进行农产品运营之初就需要考虑用户画像和用户诉求。用户画像一般包括年龄、性别、地域、家庭情况、收入情况等基本属性，如果能获得用户兴趣爱好、购物偏好等更多维度的数据，则产品运营可根据特定人群进行针对性活动，且产品的定位也会更加清晰。用户诉求可用马斯洛的需求理论做参考，争取在实现用户需求的同时达到运营目标最大化。

2.2.3 市场营销导向策略

市场营销导向策略是指在农产品电商运营过程中为了适应营销环境的变化，以较少的营销投入获取最大的经济效果而进行的在产品、价格、渠道、促销等方面的营销策略。

产品策略是针对产品的不同形式，实现多层次、多角度的营销策划，一般包括产品组合、品牌与商标和产品开发等；价格是产品运营销售的关键因素，决定着营销的成功与否，价格策略包括对市场不同部分中的类似产品确定不同价格的产品差别定价法和确定较高价格或较低价格的产品上市定价法；渠道策略是确定产品到达客户手上的最佳方式，分为产品无须具体的中间商而直接从生产商转到消费者手中和利用了中间商（批发商、零售商或可能两者）到达消费者手中的分销渠道；促销的目的是赢得潜在客户、产生利益、激发客户的购买欲望、刺激客户的购买行为，主要有广告促销、营业推广、公关宣传等。

2.2.4 数据导向策略

数据导向策略是指采用大数据手段，对农产品电商运营的各类数据，如用户画像、关键竞争要素等进行有效的分析和操作，了解用户需求、市场情况，进而改进运营策略。同时采用数据挖掘等手段高质量地分析预测农产品电商的运营趋势，形成强大的农村电子商务运营的竞争力。

随着数据时代的来临，数据导向将成为农产品电商运营非常重要的策略之一。数据挖掘和分析一方面帮助运营者不断优化产品设计和迭代，驱动产品和用户增长，另一方面也有利于对农产品电商运营者及时调整运营策略提供参考。

思政园地

湖北五峰：思路打得开，加速跨进互联网时代

湖北省五峰土家族自治县是典型的山区农业县，长期以来，受交通区位制约和产品销售渠道不畅因素制约，使得茶叶、药材、蜂蜜等特色农产品“藏在深山人未识”。近年来，随着乡村振兴大幕开启，五峰县抓紧机遇，大力发展电子商务，提出了全力发展茶叶、中蜂、中药材“一茶两中”的产业思路，加速跨进互联网时代，两次入选商务部发布的“电子商务进农村综合示范县名单”。五峰已建成较为完善的县乡村三级电商公共服务体系，它的成功有迹可循，可复制可模仿。

一要严控网销农产品质量，通过建立可视化实时监管系统、农产品质量溯源系统和快速检测检验中心等在内的网货质量监管体系，确保网销农产品安全。

二要重点培育本土电商龙头企业，鼓励发展“电商＋市场主体＋产业＋农户”的产业化经营新模式，在电商增值培训、政策扶持、发展规划、融资服务、环境建设等方面给予重点倾斜，提升特色产品规模效益和市场竞争力。

三要深挖好山货，培育好品牌。既要加速推进特色产品网货化，推进产品大数据建设，又要注重对多个本土网货品牌的注册工作。

四要对接电商平台。目前五峰县建立了本土电商平台“五峰蓝”，先后在供销E家、邮乐网、汉购网、当当网、京东等平台开通五峰地方特色馆，积极对接天猫、苏宁、1号店、一亩田、“832”等交易平台，拓宽五峰茶叶等特色农产品、手工艺品的线上销售渠道。

五要建设大物流，优化物流服务平台，建立三条物流专线，由县电商物流公共服务中心统一调配、协同配送。同时，充分整合县域冷链运输资源，在各乡镇租赁或自建冷库，在主要服务站点配备冰柜，购置冷链运输车辆，由县服务中心统一管理，有效解决生鲜农产品和新鲜果蔬运输难题。

六要探索新模式，通过“电商企业＋合作社＋农户”模式，积极完善农产品产业链，合作社与农户签订包销协议，发展订单农业，统一提供种子、技术指导、回购包装等，线上线下共同发力，扩宽农产品销售渠道，提高农产品交易速度。

据五峰新闻网报道，自2016年以来，五峰县通过举办电子商务乡村讲堂、电商创业大赛、“短视频＋直播”等电商培训100余期，带动农户创新创业。2023年上半年，五峰全县网络销售额达2.28亿元。涌现出了五峰印象、采花毛尖、万绿电商、五峰老腊味、重泰磨具等一批电子商务龙头企业，全县电商从业人员5 600多人，带动就业人员超过3 000人。

项目实施

任务 2.1　请用思维导图工具为你最喜欢的农产品绘制流程化运营

步骤1：确定农产品电商运营平台，选择你最喜欢的一款农产品。

步骤2：确定思维流程图绘制软件。

步骤3：根据流程化运营思维的相关要点，为你选择的农产品绘制思维图。

任务 2.2　农产品电商运营策略案例分析

2024年初，中卫市中宁县太阳梁乡红崖养鹅专业合作社大量鹅蛋销不出去，负责人汪毅一筹莫展。3月上旬，中宁县商务和投资促进局工作人员上门服务，尝试帮他在互联网上找销路。请根据本项目相关内容，分析可以通过哪些策略让鹅蛋在农产品电商平台的销售成绩更佳。

步骤1：熟读材料，找准材料中的关键信息点，思考问题的落脚点。

步骤2：回忆项目相关知识点，结合材料背景介绍，具体分析。

项目小结

根据本项目的要求，学生首先要对农产品电商运营的整体思维和常用策略有基本的认知；其次，能根据不同农产品电商运营的需求，掌握运营的整体思维和具体策略，并根据实际情况进行分析。

拓展知识

农产品电商运营的常用策略除了上述提到的，还有：

产品创新与差异化策略：探讨在农产品电商中实现产品创新和差异化的重要性和方法。涵盖新品开发、产品改良和品牌差异化策略，旨在提升企业在市场竞争中的优势和地位。

用户体验设计与个性化服务：深入研究如何通过优化用户体验（UX）和提供个性化

服务，提高农产品电商的用户满意度和忠诚度。探讨用户体验设计的基本原则和个性化服务的实施路径。

整合营销传播策略：分析整合营销传播（IMC）的策略和方法，包括线上和线下的多渠道营销策略。强调数字营销工具与平台的应用，以及内容营销与社交媒体营销的整合策略。

数据驱动决策与分析工具：介绍如何利用大数据和数据分析工具进行决策支持，以提升农产品电商的运营效率和市场竞争力。探讨数据挖掘与分析案例，以及数据驱动的市场洞察与策略调整。

全渠道运营策略：研究全渠道运营（omni-channel）在农产品电商中的应用和优势，包括在线与线下渠道的整合策略，以及全渠道客户体验优化的关键措施。

客户生命周期管理：探讨客户生命周期管理（CLM）的策略和实施步骤，包括客户获取、培养、保持和挽留的全过程管理。强调客户细分与个性化营销策略的重要性。

供应链优化与管理：分析农产品电商的供应链管理和优化策略，包括物流与库存管理的优化，以及冷链物流的应用与管理。

社会责任与可持续发展：讨论企业社会责任（CSR）和可持续发展在农产品电商中的实践和意义。重点探讨环保包装、绿色供应链管理等可持续发展实践。

知识巩固

一、单选题

1. 下列不属于农产品电商运营的整体思维的是（　　）。

A. 流程化运营　　B. 精细化运营

C. 促销式运营　　D. 生态化运营

2. 市场营销导向策略是指在农产品电商运营过程中为了适应营销环境的变化，以较少的营销投入获取最大的经济效果而进行的在（　　）等方面的营销策略？

A. 产品、价格、形式、促销　　B. 产品、价格、渠道、促销

C. 内容、价格、渠道、促销　　D. 内容、价格、形式、促销

二、填空题

1. 农产品电商运营的思维训练工具有________和________。

2. 在运用用户导向策略中，运营者要学会“________”去思考问题。

3. 数据导向策略是指采用________手段，对农产品电商运营的各类数据，如用户画像、关键竞争要素等进行有效的分析和操作。

三、简答题

1. 农产品电商运营的整体思维包含哪些内容？

2. 农产品电商运营的常用策略有哪些？

拓展任务

实地探访你所在区域的农产品电商运营存在的难点、痛点问题，采用不同的思维方式和策略方法，寻找问题的突破和解决方案，并付诸行动。

项目评测

学习成果达成与测评

<table>
<tr><td>学号</td><td></td><td>姓名</td><td></td><td>项目序号</td><td></td><td>项目名称</td><td>农产品电商运营的整体思维与常用策略</td><td>学时</td><td>6</td><td>学分</td><td>0.2</td></tr>
<tr><td>职业技能等级</td><td colspan="2">中级</td><td colspan="3">职业能力</td><td colspan="4"></td><td>子任务数</td><td>2个</td></tr>
<tr><td>序号</td><td colspan="4">评价内容</td><td colspan="6">评价标准</td><td>分数</td></tr>
<tr><td>1</td><td colspan="4">农产品电商运营的整体思维</td><td colspan="6">掌握农产品电商运营的思维方式</td><td></td></tr>
<tr><td>2</td><td colspan="4">农产品电商运营的常用策略</td><td colspan="6">掌握农产品电商运营的常用策略</td><td></td></tr>
<tr><td rowspan="2">考核评价</td><td colspan="10">项目整体分数（每项评价内容分值为1分）</td><td></td></tr>
<tr><td colspan="11">指导教师评语</td></tr>
<tr><td>备注</td><td colspan="11">奖励：
1．按照完成质量给予1～10分奖励，额外加分不超过5分。
2．每超额完成1个任务，额外加分3分。
3．巩固提升任务完成优秀，额外加分2分。
惩罚：
1．完成任务超过规定时间扣2分。
2．完成任务有缺项每项扣2分。
3．任务实施报告编写歪曲事实，个人杜撰或有抄袭内容不予评分。</td></tr>
</table>

学习成果实施报告书

<table>
<tr><td>题目</td><td colspan="5"></td></tr>
<tr><td>班级</td><td></td><td>姓名</td><td></td><td>学号</td><td></td></tr>
<tr><td colspan="6">任务实施报告</td></tr>
<tr><td colspan="6">简述本工作任务学习过程中完成的各项任务，描述任务规划以及实施过程，遇到的重难点以及解决过程等，字数要求不低于800。</td></tr>
<tr><td colspan="6">考核评价（按10分制）</td></tr>
<tr><td colspan="3" rowspan="2">教师评语：</td><td colspan="2">态度分数</td><td></td></tr>
<tr><td colspan="2">工作量分数</td><td></td></tr>
<tr><td colspan="6">考评规则</td></tr>
<tr><td colspan="6">工作量考核标准：
1. 任务完成及时。
2. 操作规范。
3. 实施报告书内容真实可靠，条理清晰，文本流畅，逻辑性强。
4. 没有完成工作量，扣1分，故意抄袭实施报告扣5分。</td></tr>
</table>

项目3 农产品运营前期准备

学习目标

【知识目标】

◎ 掌握农产品市场调研方法；

◎ 了解农产品目标市场的定位策略；

◎ 掌握编写农产品运营规划方案技巧。

【能力目标】

◎ 掌握为农产品确定合适的目标市场的技能；

◎ 具备独立编写农产品调研用户问卷的能力；

◎ 具备独立撰写农产品运营规划方案的能力。

【素质目标】

◎ 培育并践行社会主义核心价值观；

◎ 深刻认识乡村振兴战略和发展特色农业的重大意义。

项目概述

【情境描述】

2023年4月11日下午，习近平总书记来到广东省茂名市，走进高州市根子镇柏桥村。他先后察看荔枝种植园、农业合作社，对乡亲们靠发展荔枝特色产业推动乡村振兴表示肯定。习近平指出，这里是“荔枝之乡”，发展荔枝种植有特色有优势，是促进共同富裕、推动乡村振兴的有效举措，农村特色产业前景广阔。

【场景案例】

哪些四川农产品最受欢迎？近5年来线上卖得最好的是橘类

2022年丰收节前夕，京东发布了《2018—2022地标农产品上行趋势报告》（以下简称《报告》），《报告》梳理了2018年至2022年上半年各省地标农产品上行的趋势特点、品类结构变化、市场分布及消费者画像。《报告》显示，近5年，网上销售的四川农产品成交额年均增长29%，其中生鲜品类成交额年均增长33%，粮油调味品成交额年均增长23%。

近年来，全国消费者对四川农产品的关注度也在持续升温，在消费者的搜索词中，四川腊肠、四川腊肉、四川泡菜、四川牛肉干、四川李子、四川茶叶等搜索量最高。

京东的销售情况显示，成交额最高的四川农产品是春见耙耙柑、爱媛38号果冻橙、四川丑橘，橘类正在成为四川生鲜农产品的一大特色名片。

《报告》指出，在全国各省份中，购买四川农产品的地域中，四川本地消费者购买四川农产品成交额占比最高，且在近5年中份额明显增长，成交额占比从2018年上半年的12%，提升到2022年上半年的16%，北京、广东、上海分别占比13%、12%、7%。

（资料来源：编者依据网络资料改写。）

【课堂讨论】

1. 农产品运营前期应该准备哪些内容？

2. 农产品用户调研应该从哪些方面准备？

思维导图

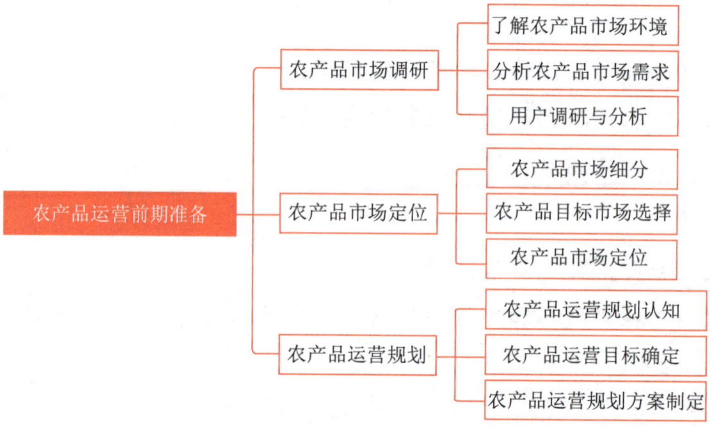

知识准备

农产品前期运营是对农产品进行市场调研、产品定位、营销策略规划等工作，通过前期运营，了解市场需求和消费者偏好，确定农产品的品种、规格、包装、价格等，有利于提高农产品的市场竞争力，提高销售额和市场占有率。农产品企业通过预测市场需求趋势、评估供需关系，从而制订更加科学合理的生产及营销计划，减少运营风险，降低经营成本。此外，农产品企业还可以通过设计品牌形象、制定宣传策略等，提高企业的品牌影响力和知名度，从而在激烈的市场竞争中占据优势。农产品前期运营也可以引导农产品企业转变生产方式，推进农业产业升级，实现农业现代化、绿色化、智能化等目标，促进农业的可持续发展。

本项目将从对农产品市场调研开始，详细介绍影响农产品市场环境的因素，分析农产品的市场需求，撰写农产品调研报告、定位农产品的目标市场以及制定农产品运营规划方案等。

3.1 农产品市场调研

农产品市场调研是一种了解农产品市场需求和趋势的方法，可以帮助农产品生产者或销售者了解目标市场，了解竞争对手，确定合适的营销策略，以及调整农产品的生产和销售计划。

3.1.1 了解农产品市场环境

农产品市场环境主要受到供需、价格、政策、技术等因素的影响。以下是一些可能影响农产品市场环境的因素：

1. 供需关系

农产品的供需关系是决定价格的主要因素之一。当农产品的供给量超过市场需求量时，农产品价格下降，因为供给量过剩会导致农产品堆积在市场上，农民为了清理库存而降低价格。当农产品的供给量不足市场需求量时，农产品价格上涨，因为需求量超过供给量，消费者为了获得所需的农产品愿意支付更高的价格。

2. 季节性因素

许多农产品在不同季节的供应量和需求量都会有所不同。这主要是因为不同季节的气候、天气、土壤和光照等环境因素会对农产品的质量和产量产生影响。例如，夏季蔬菜的供应量通常比冬季多，因此价格可能更低，而在冬季价格可能会上涨。

3. 国际贸易

国际贸易对农产品市场有着深远的影响。国际贸易可以拓展农产品市场，为农产品提供更广阔的销售市场。通过国际贸易，农产品进入海外市场，吸引更多消费者，提高产品知名度和市场份额。如果其他国家的农产品比本国更具有竞争力，那么本国的农民可能会受到打击，导致本国农产品价格下跌。

4. 政策因素

政府的农业政策也对农产品市场产生影响。政府的农业政策包括农业补贴、关税、进出口限制、价格支持等，这些政策直接或间接地影响农产品的供应和需求，从而影响市场价格和产量。例如，政府实施的农业补贴可能会鼓励农民增加种植，增加农产品的供应，导致价格下跌；另一方面，政府的关税和进出口限制会影响农产品的进出口，从而影响国内市场的供应和价格。

5. 自然灾害

自然灾害（如干旱、洪水、冰雹等）会破坏农作物，影响供应量和价格。自然灾害对农业生产和市场的影响通常是难以预测和控制的。

6. 技术因素

新的农业技术和创新会影响农产品市场的供应量和质量，进而影响价格。例如，新的种植方法会促使产量上升，而新的保鲜技术能够延长产品的保质期。使用智能传感器技术和物联网技术可以实时监测农产品的质量和存储条件，减少农产品在运输和储存过程中的损失。利用机器人、无人机、自动化等技术可以减少农民的人力成本和劳动时间，提高农产品的产量。

3.1.2 分析农产品市场需求

农产品市场需求分析是指深入分析和研究消费者对不同农产品的需求量和需求结构，了解消费者的购买意愿、购买力、购买行为以及需求变化趋势等方面的信息，为农业生产和市场销售提供决策与支持。

消费者需求是农产品市场需求的核心，因为农产品的销售最终取决于消费者的需求。了解消费者的需求量、价格敏感度、品牌偏好等方面，可以帮助农产品生产者和销售商更好地规划生产和销售策略。例如，一些消费者更倾向于选择低价位的产品，而另一些消费者则更注重产品质量和安全。消费者需求分析的第一步是确定市场的规模和结构。市场规模是指消费者在一定时间内购买某种农产品的总量，而市场结构则是指消费者购买农产品的分布情况。市场规模和结构的分析可以帮助生产者和销售商确定市场的潜在机会和市场份额，从而决定生产和销售策略。例如，从2018年到2022年上半年，四川地区线上农产品成交额最高的是橘类农产品，成交额占比从2018年的34%上升到2022年上半年的65%，见表3-1。

表3-1 四川地区线上农产品成交额占比

成交额占比	2018年	2019年	2020年	2021年	2022上半年
橘	34%	45%	45%	50%	65%
奇异果/猕猴桃	21%	14%	11%	11%	6%
枇杷	0%	1%	2%	2%	5%
柠檬	9%	5%	6%	5%	4%

季节性需求是农产品市场的一大特点，因为不同季节的气候会影响人们对不同农产品的需求。了解不同季节对农产品需求的影响，可以帮助农产品生产者和销售商更好地制订生产和销售计划。例如，夏季高温导致人们食欲减弱，消费者对清凉解暑的水果和蔬菜的需求会增加，西瓜、葡萄、黄瓜、西红柿等农产品的需求量在夏季就会激增。冬季低温，消费者对高热量、营养丰富的食物需求会增加，肉类、豆类等农产品的市场需求会比夏季明显增高。以大豆为例，北半球大豆主产国从4月开始播种，当年9月进入收割季。南半球从10月开始播种，次年4、5月开始收割。从上述种植生长周期可以看出，每年的7、8月属于全球大豆供应淡季，大豆青黄不接，面对着一定的市场需求量，市场供应出现不足，因此价格偏高；而每年的11月左右是全球大豆的供应旺季，现货供应充足，价格明显低于7、8月的价格。

区域性需求是指不同地区的消费者对不同农产品的需求存在差异，这与当地的饮食文化、气候和生活方式有关。了解不同区域对农产品需求的差异，可以帮助农产品生产者和销售商更好地定位市场和营销策略。例如，南方地区的人们更喜欢热带水果，而北方的消费者更喜欢苹果和梨子等温带水果。《中国统计年鉴2022》数据显示，我国居民家庭人均干鲜瓜果类消费量为61.0 kg，河北省在人均瓜果消费量排名中登顶榜首，京津冀地区的人均各类瓜果消费量也较高。若分地区来看，干鲜瓜果消费总量排在前列的省市包括江西、河北、黑龙江和甘肃，这些地区的消费量均高于全国平均水平。上述数据表明，各省市在干鲜瓜果消费量上存在着一定的差异性。

价格需求是农产品市场需求的另一个重要因素。消费者对价格的敏感度不同，部分消费者可能更倾向于选择低价位的产品，而另一些消费者则更注重产品质量和安全性。需求的价格弹性表示需求量对价格变动反应程度的指标。需求的价格弹性系数等于需求量变动百分比除以价格变动的百分比。例如，每个比萨的最初价格是20.5元，每小时能销售9个比萨；当比萨的单价下降到19.50元，需求量增加到每小时11个。需求弹性系数大于1时，称为需求富有弹性或高弹性；需求弹性系数小于1时，称为需求缺乏弹性或低弹性。因此，农产品生产者和销售商需要了解消费者对价格的敏感度，并根据市场价格水平制定适当的价格策略。例如，在市场竞争激烈的情况下，适当地降低价格会吸引更多的消费者，提高销售额。在产品质量和安全方面具有优势的情况下，提高价格会更具有竞争力。

此外，品牌和包装也是影响消费者购买力的重要因素。具有良好口碑的品牌和精美的包装能提高消费者的购买欲，增加销售额。因此，农产品生产者和销售商要重视品牌和包装的营销策略，打造优秀品牌形象和吸引人的包装设计，如图3-1所示。

图3-1　水果包装

最后，随着社会经济和科技的发展，消费者需求也在不断变化。因此，农产品生产者和销售商需要紧跟市场变化，适时调整生产和销售策略，以满足消费者的需求。例如，随着健康生活方式的普及，越来越多的消费者开始注重食品的营养和健康价值，对有机农产品和绿色食品的需求在不断增加。

综上所述，农产品市场需求分析是农业生产和市场销售的基础和核心，可以帮助农产品生产者和销售商了解消费者的需求量、价格敏感度、品牌偏好和需求变化趋势等方面的信息，制定适当的生产和销售策略，提高农产品的市场竞争力和销售额。

【课堂讨论】

1．你看到过哪些印象深刻的农产品品牌和包装？

2．举例说明在农产品市场需求中季节性需求和区域性需求的异同。

3.1.3 用户调研与分析

随着人们对健康食品和有机农产品的需求不断增加，农产品市场的竞争越来越多元化。因此，对农产品用户的调研和分析对于生产和销售农产品的农民和企业来说至关重要。以下是一个关于农产品用户调研和分析的简要介绍。

确定调研目标群体。根据不同农产品的种类和市场定位，选择不同的目标群体进行调研。例如，对于有机农产品，可以选择关注健康和环保的消费者，而对于传统的农产品，可以选择更注重价格和口感的消费者。

确定调研的方法，其中常用的方法有：①实地观察法；②访谈调查法；③会议调查法；④问卷调查法；⑤专家调查法；⑥抽样调查法；⑦典型调查法；⑧统计调查法；⑨文献调查法等。其中，问卷调查法可以收集大量的数据，因此成为最常见的调研方法，其他调研方式则可以深入了解用户的需求和观点。

在调研过程中，问卷设计要简单易懂，并且包含一些开放性问题，以便了解用户的详细信息和反馈。其他调研方式需要选择具有代表性的用户，以确保结果的可靠性和有效性。可以使用数据分析工具，如Excel、SPSS等对收集到的数据需要进行统计分析、解读和可视化展示。根据分析结果，可以得出一些关于用户需求和行为的结论。这些结论可以帮助生产和销售农产品的企业和农民了解市场需求，提高产品质量，优化销售策略等。

根据农产品用户调研的结果进行分析，可以按照以下步骤进行操作：

① 数据整理与描述统计：首先将用户调研的数据进行整理，包括数据清洗、数据编码等步骤，确保数据的准确性和一致性。其次进行描述统计，如分析计算平均值、中位数、众数、标准差、频率分布等，以了解用户的基本情况和行为特征。例如，通过调研了解到一批农产品用户的年龄、性别、职业、购买频率、购买渠道等信息。

② 数据的交叉分析：可以使用统计方法或数据挖掘法对调研数据进行深入分析。例如，利用回归分析、相关性分析、聚类分析、因子分析等方法，探究用户对农产品的购买决策因素、购买行为的驱动因素、用户群体的分类等。同时对数据进行交叉分析，将不同变量进行组合，比如将用户的年龄与购买频率进行交叉分析，以获取更深入的分析结果。例如，通过交叉分析发现不同年龄段的用户在购买农产品时的偏好和购买行为有所差异。

③ 深入分析与洞察提炼：根据数据分析的结果，对调研数据进行解读，从中提取有价值的信息。例如，通过分析出的数据可以解释某一用户群体对某种类型的农产品更感兴趣的原因，或某一特定因素对用户的购买行为产生了影响。同时，可以将这些分析结果进行提炼，形成有针对性的结论和建议，帮助农产品企业或农业相关部门更好地了解用户需求、制定市场销售策略。

④ 具体案例分析：一家农产品企业在用户调研中发现，年轻用户对有机农产品的关注度较高，但购买频率较低。通过数据分析和交叉分析发现，这一现象可能与年轻用户对有机农产品的价格、认知程度以及购买渠道的偏好有关。通过进一步数据分析和洞察提炼，得出的原因可能是年轻用户对有机农产品的价格敏感度较高，企业可以考虑推出价格较低的有机农产品系列；年轻用户对有机农产品的认知程度较低，企业可以加大宣传和教育力

度，提高年轻用户对有机农产品的认知；年轻用户更倾向于在线购买农产品，企业可以在电商平台上增加有机农产品的曝光度和推广力度。

另外，还可以通过用户调研结果，分析用户对农产品的使用习惯、品质要求、包装偏好、售后服务等方面的需求，以及用户在购买农产品时的决策路径、信息来源、购买决策的关键因素等。这些分析可以帮助农产品企业更好地理解用户需求，优化产品设计、包装和营销策略，从而更好地满足用户的需求，提升用户体验，增加用户忠诚度。2021年中国网民选择农货消费平台考虑的因素如图3-2所示。

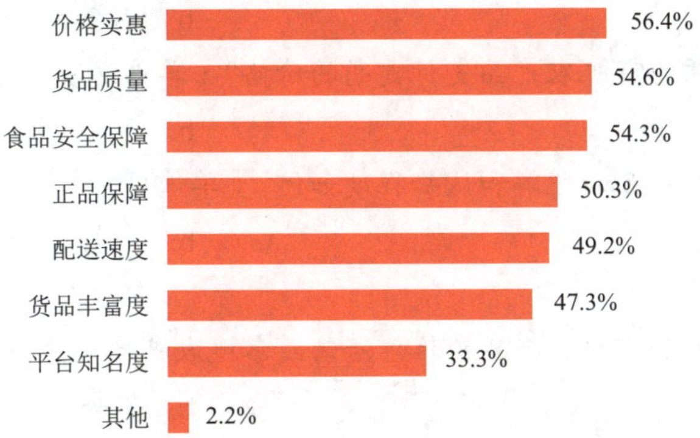

图3-2 2021年中国网民选择农货消费平台考虑的因素

如图3-2显示，受访网民在选择农货消费平台时最关注其价格实惠程度，占比56.4%，而货品质量（54.6%）、食品安全保障（54.3%）及正品保障（50.3%）等相关因素也受网民重视。农货属于高频低额消费品，因此价格优惠是消费者选择购买平台的重要考虑因素。目前各大平台积极推动农货优惠措施，以拼多多为主的新电商平台从拼团、社群分享等创新模式入手，在价格实惠方面更具优势。

总之，对农产品用户进行调研和分析对于农产品生产和销售企业来说非常重要。通过了解用户的需求和行为，可以更好地满足市场需求，提高产品质量，优化销售策略，从而获得更好的市场竞争力。

以下是一个农产品调研用户问卷模板，可根据实际情况和需求进行修改。

农业产品消费者调查

1. 在您购买农产品时，您最注重以下哪些方面？（多选题）

a. 价格　　b. 健康性

c. 环保性　　d. 味道

e. 外观　　f. 其他：________

2. 您经常购买以下哪些农产品？（单选题）

a. 有机蔬菜　　b. 有机水果

c. 有机肉类　　d. 传统蔬菜

e. 传统水果　　f. 传统肉类

g. 其他：________

3. 您购买农产品的渠道主要是哪些？（多选题）

a. 农贸市场　　b. 超市

c. 电商平台　　d. 农产品直播

e. 农产品合作社　　f. 其他：________

4. 您是否会主动关注购买的农产品的生产过程和环保情况？（单选题）

a. 会　　b. 不会

5. 您是否会关注农产品生产厂家或农民的资质认证情况？（单选题）

a. 会　　b. 不会

6. 您是否愿意为有机农产品支付更高的价格？（单选题）

a. 是　　b. 否

7. 您对有机农产品的理解和认知程度如何？（单选题）

a. 很了解　　b. 一般

c. 不了解

8. 您是否会参加有机农产品的推广活动或参观农产品生产基地？（单选题）

a. 会　　b. 不会

9. 您是否有其他的建议或意见？（开放性问题）

感谢您的参与！

3.2 农产品市场定位

农产品市场定位是指为了满足目标消费者的需求而将农产品定位在特定市场的过程。它是市场营销中的一个重要策略，旨在确定农产品在市场上的定位和差异化竞争优势。农产品市场定位能够帮助农产品生产者更好地满足消费者需求，提高农产品的附加值和市场占有率，促进农产品产业的健康可持续发展。

3.2.1 农产品市场细分

农产品市场细分是将整个农产品市场划分为若干个小的市场细分，以便更好地满足消费者需求，提高市场营销效率和农产品的竞争力。市场细分可以基于不同的因素进行，如地理位置、消费者特征、使用场景等。以下是几种常见的农产品市场细分方法：

第一，地理位置细分：根据农产品的产地、销售地等地理因素进行细分。例如，将农产品市场划分为本地（国内）市场和外地（国外）市场。

第二，消费者特征细分：根据消费者的年龄、性别、收入、教育程度、消费习惯等特征进行细分。例如，将农产品市场划分为儿童、中老年人、高收入人群、有机农产品消费者等市场。

第三，使用场景细分：根据消费者使用农产品的场合和目的进行细分。例如，将农产品市场划分为餐厅、超市、家庭等市场。

第四，产品特征细分：根据农产品的特点和品质进行细分。例如，将农产品市场划分为有机农产品、无农药农产品、绿色农产品等市场。

通过市场细分，农产品生产者可以更加精准地了解消费者需求，推出符合市场需求的农产品，提高产品的市场占有率和竞争力。

3.2.2 农产品目标市场选择

农产品的目标市场选择是农产品销售成功的重要因素之一。随着消费者需求的不断变化和日益激烈的市场竞争，农产品企业需要制定科学的目标市场策略，更好地满足市场需求，提高销售率和利润。以下是一些常见的农产品目标市场选择策略：

1. 地理位置策略

农产品的销售通常会受到地理位置的限制。选择靠近消费市场或交通便利的市场进行销售可以降低运输成本，提高销售率。例如，水果、蔬菜等易腐产品需要尽快送达市场，农产品生产基地靠近销售市场，能够减少运输时间和成本。此外，选择地理位置优越的销售渠道，如交通便利的超市、商场等，可以更好地推销农产品。

2. 消费群体策略

农产品的消费者通常可以根据其特征分为不同的群体，如家庭、餐馆、学校等消费群体。选择适合自己产品的消费群体，可以更好地推销产品。例如，面向家庭消费群体的农产品可以选择家庭消费市场进行销售，而针对餐馆和学校消费群体的农产品可以选择食堂或学校食品供应商进行销售。

3. 季节性策略

农产品的生产和销售具有季节性。在季节性销售中，选择适合销售的时间和季节，精确预测需求变化和时机，可以提高销售效率和利润。例如，春季是蔬菜销售的旺季，夏季是水果销售的旺季，选择适合的时间和季节进行销售可以提高销售效率。

4. 价格策略

不同的消费群体对价格有不同的敏感度。根据市场需求和产品成本选择合适的价格可以提高产品的销售量和利润。例如，针对高端消费群体的高品质农产品可以选择高价销售策略，针对普通消费群体的一般农产品可以选择适中的价格。此外，还可以结合市场竞争情况和季节性销售的需求变化等因素适时调整价格。

5. 品牌策略

对于高品质的农产品，合适的品牌策略可以提高品牌知名度，树立品牌形象，增加产品附加值和竞争力。选择适合产品的品牌策略，例如打造高端品牌、专业品牌、地方特色品牌等，都有助于推销农产品。

6. 营销渠道策略

农产品的销售十分依赖营销渠道。选择合适的营销渠道可以提高销售效率和利润。例如，针对个人消费群体的农产品可以选择电商平台进行销售，针对企业消费群体的农产品可以选择批发市场进行销售。通过线上、线下组合营销渠道也能提高销售效率和利润。

综上所述，农产品的目标市场选择策略需要根据市场需求和产品特点制定，不同的策略可以组合使用，以达到最佳的销售效果和利润。通过科学的目标市场选择策略，农产品企业可以更好地满足市场需求，提高销售效率和利润，实现可持续发展。

3.2.3 农产品市场定位

农产品市场定位是指根据消费者需求和市场竞争情况，确定自己产品在市场上的定位和差异化竞争策略。农产品市场定位是农产品企业发展的关键环节之一，可以帮助企业更好地满足市场需求，提高销售效率和利润，抢占更多的市场占有率。以下是一些常见的农产品市场定位策略：

1. 高品质定位

农产品高品质定位是指通过农业技术、品种改良、种植管理、加工技术等手段，生产出品质高、安全健康的农产品，满足消费者对于品质、健康和安全等方面的需求。选择高品质定位可以树立企业形象，提高产品竞争力和附加值。例如，通过生态化种植且无公害的高品质农产品可以吸引高端消费群体的关注。河南陕州苹果（见图3-3）因其肉质细腻、色泽鲜艳、口感清甜、汁多味美而著名，同时也因为在种植、采摘、加工等环节中严格把控质量，赢得了消费者的信任和好评。

图3-3 陕州苹果

2. 低价格定位

低价格定位是指将产品定位为低价格、高性价比的产品。选择低价格定位可以吸引大众消费群体的关注，提高销售量和市场占有率。例如，选择普通农产品、季节性农产品等，并且突出产品的低价位优势，可以提高普通消费者市场的占有率。

3. 地方特色定位

农产品地方特色定位是指将某个地区所生产的农产品与该地区的文化、环境、历史、气候等因素结合起来，形成独特的品牌形象，区别于其他地区的同类农产品，从而增加农产品的附加值和市场竞争力。例如，四川因独特的地理环境和气候条件适宜茶叶生长，同时具有悠久的茶文化，川茶因其产地不同，味道、香气各有特色，因此以峨眉山茶、乐山牛栏江茶为代表的川茶成为四川特色的农产品。

4. 功能性定位

农产品功能性定位指的是根据农产品的特定功能和目标消费群体的需求，将农产品定位为具有特定功能的产品，这样可以增加农产品的附加值和市场竞争力，满足不同消费者的需求。例如，部分消费者追求健康，希望购买营养丰富、有机无污染的农产品；而有些消费者更注重口感和美味，他们更关注农产品的品质和食用体验。因此，针对不同的消费群体，农产品的功能性定位可以包括以下几种：

① 营养健康型：注重农产品的营养价值和有机无污染，如有机蔬菜、无污染水果等。

② 功能性保健型：注重农产品的保健养生功能，如蜂产品、草药茶等。

③ 特色文化型：注重农产品的地域文化特色，如有机茶叶、传统特色农产品等。

在功能性定位的过程中，农产品生产者需要了解消费者的需求和偏好，同时也需要了解竞争对手的产品特征和市场动态，以便更好地制定农产品的功能性定位和市场策略。

5. 品牌形象定位

品牌形象定位是指将产品定位为具有独特品牌形象的产品。农产品品牌形象定位需要从产品、文化、宣传、服务、价格等方面综合考虑，通过创新、差异化、优质服务和品牌形象打造，树立品牌形象，使品牌走向市场，提高品牌知名度和美誉度，从而获得更高的市场份额和品牌价值。例如，“三只松鼠”通过创新包装、研发独特口感、创新营销策略等手段，打造出了亲民、时尚、健康的品牌形象，成为国内零食市场的知名品牌之一。“三只松鼠”通过对产品质量、品牌文化、服务质量和价格策略等全方位考虑，使其在市场上拥有了良好的竞争力和品牌价值。

综上所述，农产品市场定位需要综合考虑市场需求、产品特点和市场竞争情况等多种因素，不同的定位策略可以组合使用。通过科学的市场定位策略，农产品企业可以更好地满足市场需求，提高市场占有率，获得更多的利润，实现可持续发展。

3.3 农产品运营规划

农产品运营规划是制定具体农产品销售计划的过程。这个过程需要对市场需求、目标市场、品牌营销、销售渠道、定价策略、供应链管理、质量控制等方面进行细致规划，确保农产品能够高质量地在目标市场出售，实现盈利最大化。农产品运营规划的目的是优化农产品的生产、销售和供应链管理，确保农产品在市场上具有竞争力，实现良性可持续发展。农产品运营规划的重要性日益凸显，能够帮助农产品企业有效地应对市场变化、提高竞争力、推动企业的长远发展。

3.3.1 农产品运营规划认知

农产品运营规划是指针对农产品生产、加工、销售等环节，制订一系列计划和策略，最终实现农产品市场化、规模化、品牌化和高效盈利的经营目标。农产品运营规划认知主要包括以下几个方面：

① 理解市场需求：农产品运营规划的核心是满足市场需求，因此需要深入了解消费者的需求、市场变化趋势和价格敏感度等信息，以便更好地制定农产品生产和销售策略。

② 了解产业链：农产品的生产、加工和销售都离不开相关产业链的支持，了解各个环节的具体实际情况有利于制定适合自己的运营规划，提高经济效益。

③ 掌握技术和管理的创新：农业生产和经营需要不断创新并运用新技术，探索先进高效的管理方法，以便提高生产效率、产品质量，打造优质品牌形象，更好地满足市场需求。

④ 重视品牌建设：农产品品牌是企业长远发展的重要支撑，一定要注重品牌建设和推广，提高品牌知名度和认可度。

⑤ 善于风险控制和危机处理：农产品生产和经营过程中难免会遇到各种风险和危机，管理者和经营者需要提前制定风险控制和危机处理方案，面对危机时具有应急能力，最大化地降低企业的损失。

总之，农产品运营规划需要全面考虑农业生产、市场需求和竞争对手的情况，注重科学规划和具体落地实施，最终提高企业竞争力和品牌影响力。

3.3.2 农产品运营目标确定

农产品运营目标因农产品和市场情况的差异而截然不同，以下是一些常见的农产品运营目标：

① 增加销售量和市场份额：农产品运营过程中最基本、最主要的目标是增加销售量，占领更多的市场份额，提高农产品的市场占有率。

② 提高产品的质量和品牌价值：消费者对食品安全和健康问题的关注度日益提高，农产品运营目标之一是提高产品的质量和品牌价值，进而增加产品的竞争力和市场份额。

③ 开发新的销售渠道和市场：通过开发新的销售渠道和市场来拓展销售范围，从而提高产品销售量和市场份额。

④ 降低成本及提高效益：为了提高盈利能力和竞争力，农产品运营需要不断降低成本和提高效益，通过优化生产流程、采用先进技术和管理方法等手段，实现更高效的生产和管理。

⑤ 建立良好的客户关系：为了促进品牌价值，提高产品的口碑和市场影响力，农产品运营需要建立良好的客户关系，提供优质的售前、售中和售后服务，增加客户的忠诚度和回头购买率。

3.3.3 农产品运营规划方案制定

在制定农产品运营规划方案的过程中，主要从以下几方面入手：

① 市场分析：需要对目标市场进行全面分析，具体包括市场规模、市场竞争、市场趋势、目标客户群体等。通过市场分析，可以确定农产品的具体运营目标，并制定相应的营销策略。

② 产品定位：农产品的定位是农产品运营的基础。策划运营团队需要分析产品特点，确定产品的市场定位、目标客户群体、定价策略等。通过明确产品定位，可以更好地制定营销策略。

③ 品牌建设：品牌是提高农产品附加值和市场竞争力的重要手段。策划运营团队需要确定品牌形象、品牌标志、品牌宣传等，并制定相应的品牌营销策略，提高品牌知名度和影响力。

④ 开发销售渠道：合适的销售渠道是提高销售量和市场份额的关键。策划运营团队需要考虑传统销售和电商等多种销售渠道，制定相应的销售策略，提高产品的销售覆盖率和渗透率。

⑤ 开发、维护客户关系：建立良好的客户关系是提高品牌价值和口碑的重要环节。策划运营团队需要提供优质的售后服务，增加客户忠诚度和回头购买率。同时，也需要不断了解客户需求和反馈，调整产品和服务，以满足客户需求。

⑥ 成本控制：农产品运营需要不断降低成本和提高效率，通过优化生产流程、采用先进技术和管理方法等手段，实现更高效的生产和管理。需要注意的是，降低成本绝不能影响产品的质量和品牌形象。

⑦ 绩效评估：制定农产品运营规划方案后，策划运营团队需要制定相应的绩效评估指标和评估体系，对农产品运营的目标和策略进行评估和监控，及时调整和优化农产品运营策略，便于实现更好的业绩和市场表现。

总之，农产品运营规划方案制定需要全面考虑市场、产品、品牌、销售渠道、客户、成本等方面的因素，制定相应的目标和策略，建立绩效评估体系，不断优化和调整，便于实现更好的业绩和市场表现。

表3-2所示为一个基本的农产品运营规划方案的模板，仅供参考。

表3-2　农产业运营规划方案模板

农产品运营规划方案	内　容
1．项目概述	介绍农产品运营规划方案的背景、目的和重要性。 包括运营的农产品种类、运营地点和运营时间等
2．市场调研和分析	目标市场分析：包括市场规模、市场竞争、市场趋势等。 目标客户群体分析：包括客户需求、购买习惯、消费能力等
3．产品定位	产品特点分析：包括产品品种、品质、产地、特色等。 产品定位策略：包括市场定位、目标客户群体、定价策略等
4．品牌建设	品牌形象策略：包括品牌标志、品牌理念、品牌文化等。 品牌宣传策略：包括广告、公关、营销推广等
5．销售渠道建设	传统销售渠道：包括超市、商店、批发市场等。 电商渠道：包括电商平台、社交媒体、网站等。 销售策略：包括促销活动、渠道管理、库存管理等
6．产品质量管理	生产管理：包括生产标准、源头管理、加工流通环节控制、包装标识管理等方面进行全面管控。 质量检验：包括质量检验检测、质量追溯、质量监督机制等。 售后服务策略：包括退换货政策、售后服务流程、客户反馈处理等
7．运营成本控制	生产成本控制策略：包括生产流程优化、原材料采购管理、生产设备维护等。 管理成本控制策略：包括人员管理、财务管理、信息化建设等
8．运营数据分析	建立运营数据监控和分析体系，包括销售数据、消费者反馈、市场趋势等数据
9．风险评估和管理	评估农产品运营可能面临的各种风险，并制定相应的风险管理计划
10．监测和评估机制	建立监测和评估机制，对农产品运营的实施效果进行监测和评估，及时发现问题并进行调整和优化
11．团队建设	建立专业的运营团队，包括人员招聘、培训和管理等方面

猕猴桃运营规划方案

1. 项目概述

猕猴桃是一种营养丰富、口感独特的农产品，具有较高的市场潜力和消费需求。本运营规划方案旨在在市场上推广、销售猕猴桃，并确保其在运营过程中的质量和服务达到高标准。猕猴桃的运营地点包括生产基地、销售渠道和销售市场，运营时间涵盖猕猴桃生产、采摘、包装、销售和售后服务等环节。

2. 市场调研和分析

目标市场分析：通过市场调研和数据分析，了解猕猴桃市场的规模、竞争情况、消费市场、销售渠道、价格趋势等。

目标客户群体分析：分析猕猴桃潜在的消费群体，包括其需求、购买习惯、消费能力、偏好等。例如，消费群体包括健康意识较强的中高收入人群、餐饮企业、线上和线下的生鲜水果零售商等，分析不同消费群体的购买习惯及对价格的预期定位。

3. 产品定位

产品特点分析：分析不同猕猴桃的品种、产地、品质、特色等，具体包括猕猴桃的营养价值、口感、外观、产地优势等。

产品定位策略：根据市场调研和目标客户群体分析，确定猕猴桃的市场定位、目标客户群体和定价策略。例如，将部分猕猴桃定位为高品质、高营养价值的水果，面向中高收入人群，采用合理的定价策略。

4. 品牌建设

品牌形象策略：确定猕猴桃的品牌标志、品牌理念、品牌文化等。例如，通过独特的品牌标志、传递猕猴桃健康养生、高品质等品牌理念，并宣传倡导猕猴桃与健康生活的内在联系。

品牌宣传策略：通过广告、公关、微信营销推广等方式，推广猕猴桃品牌。例如，通过线上线下的广告宣传、社交媒体推广、参加水果展会、与媒体合作等方式，提升猕猴桃的品牌知名度和美誉度。

5. 销售渠道建设

线上销售渠道：建立猕猴桃的线上销售渠道，如开设官方旗舰店、在电商平台销售、与社交媒体合作推广等。通过线上渠道，提供便捷的购买方式，拓展猕猴桃的销售范围。

线下销售渠道：建立猕猴桃的线下销售渠道，如与生鲜水果零售商合作、开设线下连锁门店、参加农产品市场等开拓线下销售渠道。通过线下渠道，增加猕猴桃的曝光率，为消费者提供更直接的购买体验和渠道。

6. 产品质量管理

生产管理：确保猕猴桃的生产过程符合无公害的生产标准，其中种植、采摘、包装和运输管理等环节都要严格把关。控制猕猴桃的种植环境、品种选择、施肥、病虫防治等，确保产品的质量和安全。

7. 运营成本控制

管理猕猴桃生产和运营的成本，包括种植成本、采摘成本、包装成本、运输成本等的合理控制，提高生产效益和利润。

8. 运营数据分析

运营数据分析：建立猕猴桃的运营数据监控和分析体系，包括销售数据、消费者反馈、市场趋势等数据的收集、分析和应用。通过数据分析，优化运营策略，提高运营效率和利润，不断优化产品和市场推广策略，提升猕猴桃的市场份额和盈利能力。

9. 风险评估和管理

对猕猴桃运营可能面临的各种风险进行评估，包括市场风险、生产风险、竞争风险等，并制订相应的风险管理计划，采取相应措施、降低风险和品牌的损失。

10. 监测和评估机制

建立监测和评估机制，定期对猕猴桃运营的实施效果进行监测和评估，通过数据分析和市场反馈，及时发现问题并进行调整和优化，保障运营活动的持续改进和优化。

11. 团队建设

建立专业的运营团队，包括人员招聘、培训和管理等方面，确保团队成员具备专业的农产品运营知识和技能，能够高效实施规划方案。

以上是一份简要的猕猴桃运营规划，具体的运营策略和计划应根据实际情况进行调整和补充，并结合详细的市场分析、资源配置、竞争对手分析等进行综合考虑，以确保猕猴桃运营活动能够顺利、高效地进行，并实现预期的经营目标。

【课堂讨论】

1. 讨论农产品线上销售渠道和线下渠道优缺点。
2. 以小组为单位，对某个农产品运营规划方案进行分析。

思政园地

2022年青海农产品网络零售额超10亿元

青海省农业农村部门通过推进农牧业生产、加工、流通智能化，信息进村入户常态化，积极推动智慧农牧业、数字乡村建设，为打造绿色有机农畜产品输出地插上了“互联网+”翅膀。据统计，2022年全省实现农产品网络零售额10.4亿元，同比增长74.2%。

目前，已建成省级农牧业综合电子商务平台“牛咖部落”，提供认种、认养等新兴消费方式。与淘宝、京东、拼多多等知名电商签订战略合作协议，建成运营京东—青海特产馆。鼓励支持农牧业经营主体发展互联网经营，省内自建农产品电商平台10余个，涌现“农牧企业+网店”“农牧企业+运营商+平台”“农牧户+第三方平台创业”等新模式，助力特色农产品品牌推介和触“网”营销，促进了村集体经济发展和农牧民增收。

项目实施

任务 3.1　以小组为单位，对 ×× 农产品进行市场调研，并撰写调研实施方案

步骤1：以小组为单位，选好需要调研的农产品。

步骤2：参考教材内容，制作调研问卷表。

步骤3：采取合适的调研形式，完成问卷表。

步骤4：分析问卷表并得出结论。

任务 3.2　撰写 ×× 农产品运营规划方案

步骤1：以小组为单位，确定需要撰写的农产品。

步骤2：确定农产品的运营目标。

步骤3：按照教材内容，从不同角度撰写农产品运营规划方案。

项目小结

根据本项目的要求，学生首先要对农产品运营前期准备有基本的认知；其次，对农产品市场环境、农产品市场定位有深刻的认识；最后能够掌握具体的农产品用户调研和运营规划方案技巧。

在掌握了这些基础知识后，学生能够学以致用，能够根据实际情况撰写农产品运营规划方案，提高农产品的市场竞争力和品牌形象。

拓展知识

农产品品牌建设可以从以下方面考虑：

① 产品质量：农产品品牌建设的核心是产品质量。只有高质量的农产品才能树立优质品牌形象，为消费者提供优质的消费体验。

② 市场定位：在品牌建设之前，需要对目标市场进行准确定位。通过对目标市场的研究和分析，确定产品的定位和差异化策略。

③ 品牌传播：品牌建设需要有效地传播和推广。通过广告、公关、社交媒体等多种渠道，能让更多的消费者了解和熟悉该品牌。

④ 品牌维护：建立品牌后，需要对品牌进行持续的维护和优化。不断优化产品质量、品牌形象和营销策略，可以确保品牌的长期稳定发展。

总之，农产品品牌建设需要结合产品的实际情况和市场需求及变化，综合多方面因素，不断优化、提升品牌的形象及竞争力。

知识巩固

一、单选题

1. 农产品的价格是由（ ）因素决定的。
   A. 季节性因素 B. 政策因素 C. 供需关系 D. 市场趋势
2. 夏季蔬菜的价格通常比冬季低的原因是（ ）。
   A. 夏季气候条件适宜蔬菜生长 B. 夏季需求量比较低
   C. 夏季供应量比较高 D. 夏季运输成本比较低
3. 农产品市场调研可以帮助农产品生产者或销售者（ ）。
   A. 了解目标市场需求和趋势 B. 确定合适的生产技术
   C. 增加农产品的库存量 D. 减少生产成本
4. 农产品的目标市场选择中，（ ）策略可以降低运输成本，提高销售率。
   A. 季节性策略 B. 消费群体策略 C. 产品特征策略 D. 地理位置策略
5. 农产品运营规划的核心是（ ）。
   A. 生产效率 B. 市场需求 C. 产品质量 D. 企业管理
6. 农产品品牌对企业长远发展的作用是（ ）。
   A. 提高生产效率 B. 增加市场占有率
   C. 降低成本 D. 支撑企业长远发展

二、填空题

1. 农产品市场的价格主要受到________因素的影响。

2. 夏季蔬菜的供应量通常比冬季________，因此价格可能更低，而在冬季价格可能会上涨。

3. 农产品市场细分可以基于不同的因素进行，如地理位置、消费者特征、使用场景等，其中一种市场细分方法是根据农产品的特点和品质进行细分，称为________细分。

4. 农产品品牌是企业长远发展的重要支撑，需要注重品牌建设和推广，提高品牌的________度和________度。

5. 农产品生产和经营过程中难免会遇到各种风险和危机，需要制定相应的控制和________处理方案，降低损失和影响。

三、简答题

1. 列举农产品的市场定位策略。
2. 农产品运营规划制定需要从哪些方面入手？

拓展任务

假设四川某农业公司有产品爱媛，销售情况不太理想，之前并没有对爱媛做过运营规划，找到你们小组为其爱媛农产品做运营规划方案。请简要说明你们的团队构成，帮其用市场定位分析销售不太理想的原因，并叙述出应该怎么做使这个规划方案完备。

项目评测

学习成果达成与测评

<table>
<tr><td>学号</td><td></td><td>姓名</td><td></td><td>项目序号</td><td></td><td>项目名称</td><td>农产品运营前期准备</td><td>学时</td><td>6</td><td>学分</td><td>0.2</td></tr>
<tr><td>职业技能等级</td><td colspan="2">中级</td><td colspan="3">职业能力</td><td colspan="4"></td><td>子任务数</td><td>3个</td></tr>
<tr><td>序号</td><td colspan="4">评价内容</td><td colspan="6">评价标准</td><td>分数</td></tr>
<tr><td>1</td><td colspan="4">农产品市场调研</td><td colspan="6">能够分析农产品市场需求，进行用户调研</td><td></td></tr>
<tr><td>2</td><td colspan="4">农产品市场定位</td><td colspan="6">能根据不同策略进行农产品目标市场的选择</td><td></td></tr>
<tr><td>3</td><td colspan="4">农产品运营规划</td><td colspan="6">能够独立撰写某种农产品的运营规划方案</td><td></td></tr>
<tr><td rowspan="2">考核评价</td><td colspan="10">项目整体分数（每项评价内容分值为1分）</td><td></td></tr>
<tr><td colspan="11">指导教师评语</td></tr>
<tr><td>备注</td><td colspan="11">奖励：
1. 按照完成质量给予1～10分奖励，额外加分不超过5分。
2. 每超额完成1个任务，额外加分3分。
3. 巩固提升任务完成优秀，额外加分2分。
惩罚：
1. 完成任务超过规定时间扣2分。
2. 完成任务有缺项每项扣2分。
3. 任务实施报告编写歪曲事实，个人杜撰或有抄袭内容不予评分。</td></tr>
</table>

学习成果实施报告书

<table>
<tr><td>题目</td><td colspan="5"></td></tr>
<tr><td>班级</td><td></td><td>姓名</td><td></td><td>学号</td><td></td></tr>
<tr><td colspan="6">任务实施报告</td></tr>
<tr><td colspan="6">简述本工作任务学习过程中完成的各项任务，描述任务规划以及实施过程，遇到的重点、难点、解决过程和办法，总结农产品市场调研和制定运营规划方案的某些技巧和注意事项等，字数要求不低于800。</td></tr>
<tr><td colspan="6">考核评价（按10分制）</td></tr>
<tr><td colspan="3" rowspan="2">教师评语：</td><td>态度分数</td><td colspan="2"></td></tr>
<tr><td>工作量分数</td><td colspan="2"></td></tr>
<tr><td colspan="6">考评规则</td></tr>
<tr><td colspan="6">工作量考核标准：
1. 任务完成及时。
2. 操作规范。
3. 实施报告书内容真实可靠，条理清晰，文本流畅，逻辑性强。
4. 没有完成工作量，扣1分，故意抄袭实施报告扣5分。</td></tr>
</table>

项目4 农产品开发

学习目标

【知识目标】

◎熟悉农产品开发的基本概念与类型；

◎掌握农产品定价的策略；

◎熟悉农产品规格与包装设计基本内容。

【能力目标】

◎能够梳理出六大类农产品的常见卖点；

◎能够运用多种定价策略对农产品进行合理定价；

◎能够撰写农产品开发策略分析报告。

【素质目标】

◎培育并践行社会主义核心价值观；

◎深刻认识乡村振兴战略重大意义。

项目概述

【情境描述】

2020年中央一号文件提出实施农产品质量安全保障工程。加强绿色食品、有机农产品、地理标志农产品认证和管理。推动出台发展地理标志农产品的指导意见。开展国家农业品牌营销行动，加强农业品牌规范化管理。

农产品科学化、市场化、合理化开发是优化农业供给、促进农民增收致富、推动农业现代化转型升级的重要载体与手段。

【场景案例】

三亚那受村芒果菠萝

三亚市育才生态区那受村自台湾省引进种植“台农23号”芒果菠萝50亩，与普通菠萝相比，芒果菠萝果香而不腻、水分充足、糖度高于普通菠萝，果肉带有芒果香味，且不含“菠萝酶”，可切开直接食用，无须经过盐水浸泡。一经上市销售迅猛，广获好评。

“芒果菠萝的引进种植，是三亚推动热带特色高效农业发展的又一‘新奇特优’品种。”三亚市农业农村局相关负责人介绍，正是看中芒果菠萝等“新奇特优”农产品的高附加值优势，在坚守耕地红线保障国家粮食安全基地上，三亚充分发挥南繁特色资源优势，积极探索发挥“首种”优势，引进种植一批“新奇特优”农产品新品种，发展“第一口鲜”产业，以现代特色农业推动乡村振兴。接下来，三亚将继续用好南繁资源，进一步推进热带“新奇特优”农产品的种植，让更多农业新品种走向百姓餐桌，增加农民收入，走出农业增效新路子。

（资料来源：编者依据网络资料改写。）

【课堂讨论】

1. 农产品开发的途径有哪些?

2. 农产品开发有什么意义?

思维导图

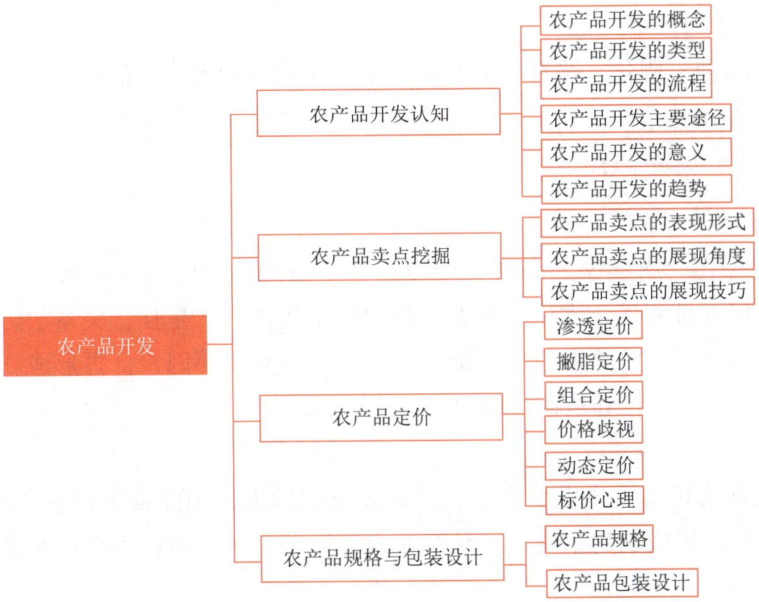

知识准备

农产品的开发对于农村经济的发展有至关重要的作用，加快农特产品商业化、产业化，打造完整的农特产品开发销售产业链，是实施乡村振兴战略的有效途径，农民致富的支柱。

本项目将从农产品开发的介绍开始，详细介绍农产品开发需要具备的实战技能，具体包括如何挖掘农产品卖点、如何运用农产品定价策略、如何做农产品包装设计等。

4.1 农产品开发认知

4.1.1 农产品开发的概念

农产品开发是以拓宽农产品基本效用与利益为目的，拓宽目标市场为动力的农产品更新与改进的过程，包括发明农产品、改进与改型的农产品、农产品新品牌与新的产品线、产品线延伸与新定位产品等。

4.1.2 农产品开发的类型

1. 全新型农产品

是指应用科学技术新成果研制成功的新产品，如杂交水稻。

2. 换代型新农产品

是指在原有农产品的基础上，部分地采用新技术而研制成功的产品。如富士苹果换代为红富士苹果。

3. 改进新型农产品

是通过采用生物科学等技术，对原有农产品进行改良，使其品质、产量等有所提高的新产品。如海南“台农23号”菠萝，与普通菠萝相比，具有香气更浓、水分更足的特点，并且具有芒果香气。

4. 模仿新型农产品

是指通过引种、驯化、选育等生产出产量、品质等相近或更优的农产品。如大陆引进的台湾樱桃番茄。

4.1.3 农产品开发的流程

1. 产品构思

顾客、子公司、科学家、高层管理的意见是新产品构思的主要来源。新产品构思方法：一是产品属性排列法，优化现有农产品的每个属性；二是强行关系法，根据产品间的关系产生新产品创意；三是多角度分析法，抽象出产品重要因素，再形成新产品；四是聚会法，又称头脑风暴法；五是顾客问题分析法。

2. 构思筛选

通过产品构思环节，产生了多个农产品开发的构思，因此要进行新产品构思的筛选。筛选标准：一是市场成功的条件；二是企业内部条件；三是销售条件；四是利润目标和销售增长率水平。

3. 产品概念形成与测试

产品设计的基本任务是将产品构思发展成几种产品设计方案，以文字、图形、模型等方式描绘出比较明确的产品概念。将农产品设计展示于一群目标顾客面前，观察他们的反应从而进行产品概念测试。

4. 初拟营销规划

营销规划的内容包含：描述目标市场、新产品预期价格、分销策略、第一年的营销预算、规划长期的销售额、目标利润、不同时期的市场营销组合。

5. 商业分析

① 市场规模、需求的持续时间、目标利润。

② 导入新产品对企业整体销售额、成本、利润的影响。

③ 现有的资源、技术、能力能否完成新产品项目。

④ 是否要更新固定资产。

⑤ 新旧产品的相关性。

⑥ 资金是否有保障。

⑦ 国际市场变化对新产品开发的影响。

6. 新产品研制

新产品研制主要进行包装和品牌设计。研制的主要目的是认证产品概念能否成为技术、商业上可行的产品，若不行，则停止市场开发。

7. 市场试销

新产品推向市场之前要进行市场试销，通过市场调研收集数据，计算出新产品的试买率和再买率，试买率高说明新产品的前期宣传推广工作取得有效成果，反之则需要加强宣传推广，再买率高说明新产品受到市场的欢迎，反之则需要进行新产品的改进。

8. 商业化

这个阶段需要明确新产品的投放时间、投放地点以及市场营销组合。

4.1.4 农产品开发主要途径

1. 内生式开发

内生式开发着重农产品本身的产量、品质，涉及农产品色、香、味的全面把握与掌控，是农产品开发的基础与立身之本。

（1）良种开发

是农产品开发的基本途径，通过生物工程技术和系统选育技术等，培育优良动植物品种，对原有农产品进行改进或换代。

（2）良品开发

通过改进栽培养殖手段可改变农作物性状，改进农产品品质。

（3）多品化开发

通过对农产品进行二次加工，形成精制、便利、多种风格的副产品。

2. 外延型开发

外延型开发以内生式开发为基础，主要体现在对农产品包装品牌、服务等产品附加层次的开发。

（1）包装开发

根据产品理念、产品特性、消费者偏好创新、改进农产品包装，建立产品与消费者的亲和力，从而直接影响消费者购买欲望。

（2）品牌开发

农产品品牌是农产品属性、利益、价值、文化等的综合反映与体现，包括品牌名称，品牌标识和商标，是创造产品差异、提高市场竞争力的重要手段。根据消费者需求与市场竞争要求，对农产品商标、品牌进行申领或重新设计，通过对农产品质量和特色的有效控制树立农产品整体形象。如新疆巴楚县留香瓜，原名叫“库克拜热甜瓜”，无法突出甜瓜的特色、产地等信息，后通过与“楚留香”的联想，创建了“巴楚留香瓜”品牌，销量剧增。

（3）服务开发

伴随农产品的创新性开发以及消费者需求的不断变化，市场必将出现更多的服务项目。策划、设计、开发新的服务项目，满足市场需求，是创造农产品增值机会的重要手段。如赣南脐橙，2015年赣南脐橙因阿里农村淘宝等活动，成交量迅速增长，但物流体系不成熟致使出现高售后服务费，当地政府、网商、种植者协同优化了赣南脐橙的产业链与服务，促进赣南脐橙销量不断增长，2022年赣南脐橙品牌价值达686.37亿，居全国区域品牌水果类第一。

4.1.5 农产品开发的意义

1．满足市场需求，助力更高品质美好生活

农产品开发以市场为导向，顺应当前健康生态、高品质、优异等市场需求，不断创新与改良农产品，丰富市场供给，满足了消费者的需要。

2．促进农业转型升级

农产品的合理开发，有利于提升农业品质，促进农业个性化发展，提升整体农业形象，优化生产体系，改良农业生产结构。

3．提高农业生产收益

农产品的有效开发，有利于拓宽农产品销售渠道，提高农产品附加值，增强供给的灵活性与适应性，增加农民的收益，提高农业企业的利润率。

4．促进农业技术的革新

新需求新理念吸引与引导科技的发展，农产品开发对农业技术提出新要求，有利于农业技术的革新与发展。

4.1.6 农产品开发的趋势

1．品牌化

农产品品牌化是开拓农产品市场、提高农产品竞争力、增加农业利润的有效手段。农业农村部《关于拓展农业多种功能促进乡村产业高质量发展的指导意见》指出，要开展国家农业品牌营销行动，加强农业品牌规范化管理。当前中国五常大米、洛川苹果、赣南脐橙等品牌化农产品市值已超过500亿。图4-1所示为黑龙江五常大米2015年区域品牌价值评价证书。

中国质量认证中心
CHINA QUALITY CERTIFICATION CENTRE

2015年区域品牌价值评价证书

Certificate of 2015 Regional Brand Value Evaluation

证书编号：08071314–2015

评价委托方：五常市人民政府
评 价 项 目："五常大米"区域品牌价值
评 价 依 据：GB/T29187《品牌评价 品牌价值评价要求》、CQC9102-2015《区域品牌价值评价 资产组合超额收益折现法》
评价结果：区域品牌"五常大米"在国家质量监督检验检疫总局开展的2015年区域品牌价值评价工作中，品牌价值评估为425.92亿元人民币。

发证日期：2015年12月31日
有效期至：2016年12月31日

Signed by Wang Kejiao

CHINA QUALITY CERTIFICATION CENTRE 中国质量认证中心

图4-1 黑龙江五常大米2015年区域品牌价值评价证书

2．定制化

农产品定制化是指以互联网为媒介，以绿色有机农产品为基本内容，通过会员制等方式精准对接与发展消费者。农产品定制化以精细化生产、提高客户黏性以及价值提高，使得农产品供需共同得利，是

解决当前部分农业产品销路困难的重要手段。

3. 数字化

信息技术与农货销售不断相互嵌入，农产品开发与电商交互程度不断加深，农产品电子商务化成为全面乡村振兴建设与数字乡村建设的重要内容。抖音电商发布《2022丰收节抖音电商助力乡村发展报告》显示，在2022年，抖音平台实现了28.3亿单农特产成交，数字化成效显著。

4. 产业融合化

三产融合是指以农业为依托，将资本、技术、人才、数据等要素在产业间实现集约化配置，延长农业产业链，促进一、二、三产业协同发展。2016年国务院办公厅印发《关于推进农村一二三产业融合发展的指导意见》，表明三产融合成为国家战略。农业作为国家经济立根之本，农产品开发作为农业发展的基本途径，产业融合化是农产品开发的必然趋势。

4.2 农产品卖点挖掘

卖点是指产品所具有的与消费者需求具有紧密联系的因素，是交易成为成功的关键因素。

4.2.1 农产品卖点的表现形式

1. 农产品品质卖点

农产品品质包括色泽、营养价值、口感等评价标准。农产品产地的气候、土壤、水源以及生产技术、病虫害情况等均会影响农产品的品质。高品质的农产品更能满足消费者安全、美味的需要。高品质是农产品的重要卖点。

2. 农产品功能卖点

农产品功能是指所具有营养独特、调节生理活动的能力，包括防止疾病、恢复健康等功能。当前富含钙、铁、锌、硒等微量元素的农产品广受欢迎。

3. 农产品颜色卖点

农产品颜色因为品种改良、栽培技术等会呈现出特异的颜色，部分农产品因其色彩独特而受欢迎。如山东淄博四色韭黄（见图4-2），目前该技艺已被列入淄博市非物质文化遗产保护名录，其售价曾达200元/斤。

图4-2 四色韭黄

4. 农产品造型卖点

农产品造型是指农产品的形状特点，新异的产品造型会吸引部分消费者的购买。如日本方形西瓜（见图4-3）因为造型独特，价格高昂。

5. 农产品价格卖点

农产品价格是指农产品的价格高低以及波动带来的消费变化。如季节折扣、低价促销等均属于农产品的卖点。

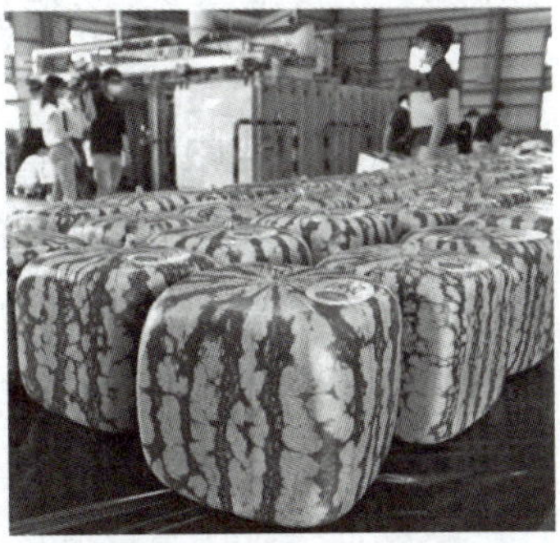

图4-3 日本方形西瓜

6. 农产品形象

农产品形象是指农产品购买所带来的连带印象或联想。如智利车厘子被视为中高端水果，部分消费者出于形象需求对车厘子进行购买。

4.2.2 农产品卖点的展现角度

1. 产地

产地是属于给农产品加持地域性的一种标志，比如说产自成都温江的大蒜，产地来源上面可以加上国家级生态县，因为温江被授予国家生态县称号。能够给用户树立一种生态、自然的形象，无形中打造了产品的卖点。

2. 环境

环境指的就是农产品的生长环境，光照、降水、空气等级、湿度等环境指标，不同的农产品对于这些环境的因素也不尽相同，比如说樱桃，大家熟知的就是米易的樱桃好，因为米易的地理位置，光照强度好，并且温差较大，有助于樱桃糖分的形成与积累。所以提到米易的樱桃在国内是极好的，这个卖点同样适用于其他农产品。

3. 口感

农产品在适宜的环境中，会表现出比同类农产品更好的特性，例如光照充足，带给米易的樱桃更甜的口感。再比如肥沃的土壤长出的庄稼就更加富含营养元素，如大米、水稻、玉米等粮食作物。

4. 外观

外观表现了产品特性发挥出的特殊功能，能够给用户直接的感受。如果再通过精美的包装，增加产品的附加值，更能让农产品品牌包装得更好。比如说使用云上观展系统的追溯码，扫码实时观展农产品的生长与成熟，激发用户的潜在购买欲望。

5. 认同

消费者认同某品牌，自然就愿意购买该品牌农产品。而让消费者认同就要站在消费者角度去想，能给消费者带来什么好处，让消费者看到具体的利益，消费者认同了品牌，就实现了营销。

6. 赠品

赠品则偏向于营销层面，通过赠品辅助主农产品来打造满足客户超乎想象的价值。比如说消费者买了某品牌炒锅，可以多赠送他一些赠品，如一套碗碟，并附赠一个炒锅适用的菜谱，告诉消费者怎么吃更有利于健康。这样消费者就更加满意。

7. 口碑

口碑就是一种展现价值的形式，比如说消费者的付款记录，消费者的好评，消费者试吃的照片截图。这些消费者的反馈都有利于打造农产品品牌的口碑见证，能够让用户产生从众心理，从而购买相关农产品。而口碑也是一个积累的过程，平时要多注意积累消费者的口碑。

8. 权威

权威性是证明自己农产品质量的有力武器，比如说政府颁发的农产品企业荣誉证书，农产品的检测报告、质检认证证书，这些证书是农产品被权威平台认可的证明，这些证书一定要在农产品包装、产品详情上面体现出来。

4.2.3　农产品卖点的展现技巧

1. 凸显产品属性及特色

农产品的卖点提炼，最基础的是从产品自身属性及特色出发，产品的外在属性包括价格、产品的效果、风格、颜色和款式等，产品的内在属性包括产品的材质、功能，参数以及内在结构。

2. 还原产品使用场景

商家可以将农产品放在具体的生活场景中，这样可以缩短消费者和商品的距离，让消费者带入联想，刺激消费者下单购买。

3. 展现产品使用说明

商家可以把商品的展示效果图、质量测试图、对比图放在详情页，这样消费者有更深刻的感受。展示出在使用完商品后的一些感受，重点突出商品的功能或特点，这种方式可以很好地表达出商品的功能卖点是什么。

4. 编制产品搜索词

商品的关键词做好了，搜索流量就不会差，因此商家要尽可能地编制热搜词、市场卖点词等，找到卖点词就得找关于商品描述的抽象词和画面词，如生态富硒大米、高原阳光土豆等。

4.3　农产品定价

农产品的价格主要受农产品生产成本、市场需求、农产品竞争状况、农业政策等影响，主要的定价方法包括渗透定价、撇脂定价、组合定价、价格歧视、动态定价、标价心理等方法。

4.3.1　渗透定价

渗透定价是以较低的产品价格进入市场的定价方法，有利于产品短期内提高市场占有率与知名度，打击竞争者。渗透定价主要面向对价格敏感的消费者群体。渗透定价适用于新产品、产品规模较大、产品需求弹性较大的产品。但渗透定价是相对于产品品质、服务以及竞争对手定价而言，并不是绝对的低价。农产品同质化程度较高，部分经营者采取渗透定价从而吸引消费者。如沃尔玛进行的“天天平价”策略，对包括农产品的部分产品进行低价销售。

4.3.2　撇脂定价

撇脂定价是指新产品以高于成本的价格进入市场，在短期内回收投资与实现预定利润的定价方法。撇脂定价主要面向对价格不敏感或具有炫耀心理的消费群体。撇脂定价适用于全新产品、受专利保护产品、产品需求弹性较小的产品、风行产品。部分具有高附加值或具有特殊产品特性的农产品采用撇脂定价。如河北唐山胭脂稻（见图4-4）颜色独特、口感丰富，是清代的贡米，康熙曾赋诗“七月紫芒五里香，近园遗种祝祯祥”。仅在唐山玉田县、丰南区、曹妃甸区生产，因产量少，价格高昂，部分1 kg价格可达4 000元。

图4-4 胭脂稻

4.3.3 组合定价

组合定价是指将互补产品等关联性较高的产品以部分产品价格更高，另一部分产品价格更低进行定价，追求整体经济效益的定价方法。组合定价法有产品线定价法、选择特色定价法、附带产品定价法、两段定价法、副产品定价法、承租产品定价法等。农产品组合定价主要通过不同档次的产品组合扩大农产品覆盖面促进销售。

4.3.4 价格歧视

价格歧视是指产品销售者面对不同消费者提供相同等级与质量的产品采取不同的销售价格，以获得超额利润的定价方法。价格歧视主要针对同种商品需求弹性不同的产品。价格歧视分为三级：一级价格歧视，每单位产品都有不同价格；二级价格歧视，根据不同购买量设置不同价格；三级价格歧视，对不同市场设置不同价格。

4.3.5 动态定价

动态定价是指根据供需状况，以不同的价格出售同样的产品，以获得更多利润的定价方法。电商环境下主要依据时机、市场细分、动态推销等进行动态定价。

4.3.6 标价心理

标价心理是指依据社会风俗习惯对产品零售价格以零头数结尾的定价方法。标价心理具有使消费者感觉便宜、增加消费者偏爱的作用。如数字“8”与“发”谐音，寓意吉祥如意，在中国广泛应用。

4.4 农产品规格与包装设计

4.4.1 农产品规格

1. 农产品规格的含义

农产品规格是指由权威部门与组织制定与推广的关于农产品生产技术、产地环境、理化指标、流通规范、检验规则的系列标准用以指导生产，从而对农产品生产过程进行更好监控，提高农产品质量、促进农产品流通、保障公民身体健康。果蔬产品可对完好性、清洁程度、虫害程度、正常气味、外部水分等指标规定基本要求。表4-1所示为《北京主要鲜果等级》（DB11/T 599—2016）关于北京樱桃主要品种果实理化指标。

表4-1　北京樱桃主要品种果实理化指标

品种	色泽	特级		一级		二级	
		单果重/g	可溶性固形物/g	单果重/g	可溶性固形物/g	单果重/g	可溶性固形物/g
布鲁克斯	红色有条纹	≥9.5	≥19.0	≥8.5	≥17.0	≥7.0	≥15.0
红灯	紫红	≥9.5	≥20.0	≥8.5	≥18.0	≥7.0	≥16.0
红艳	底色黄、鲜红	≥9.0	≥18.0	≥7.5	≥16.0	≥6.0	≥14.0
红蜜	底色黄，有红晕	≥8.0	≥18.0	≥7.5	≥16.0	≥5.0	≥15.0
雷尼	底色黄，阳面鲜红	≥10.0	≥19.0	≥8.5	≥17.0	≥7.0	≥15.0
先锋	紫红	≥8.0	≥18.0	≥7.0	≥16.0	≥6.0	≥14.0
佳红	底色黄，阳面鲜红	≥9.5	≥20.0	≥8.0	≥18.0	≥7.0	≥16.0
巨红	底色黄，阳面鲜红	≥10.0	≥20.0	≥9.5	≥18.0	≥7.0	≥16.0
美早	鲜红	≥11.0	≥20.0	≥9.5	≥18.0	≥8.0	≥16.0
美红	紫红	≥11.0	≥18.0	≥10.0	≥16.0	≥8.0	≥14.0
早大果	紫红	≥11.0	≥19.0	≥9.0	≥17.0	≥7.0	≥15.0
砂蜜特	紫红	≥9.0	≥19.0	≥8.0	≥17.0	≥6.0	≥15.0
拉宾斯	紫红	≥8.0	≥17.0	≥7.0	≥16.0	≥6.0	≥14.0
佐藤锦	底色黄，有红晕	≥7.0	≥20.0	≥6.0	≥18.0	≥5.0	≥16.0

2．农产品规格国内外现状

国际食品法典委员会（CAC）是由联合国粮农组织（FAO）与世界卫生组织（WHO）共同建立的制定国际食品标准的政府间组织，目前已出版食品法典共13卷。

联合国欧洲经济委员会（ECE）是联合国经济社会理事会下设委员会之一，自1949年成立始即致力于制定各项规范。其中农业质量标准工作组，根据世界农产品生产状况及国际农业贸易需求，制定国际通行的农产品品质标准、手册、指南并开展相关活动。

经济合作与发展组织（OECD）是西欧国家于1961年成立的国际经济合作组织，以UN/ECE标准为主，主要致力于果蔬产品标准化工作，针对多项UN/ECE标准制定了带有解释和图谱的解释说明手册。图4-5所示为UN/ECE农产品质量标准、手册或指南制定（修订）流程。

欧盟（EU）参考UN/ECE与OECD执行质量等级标准，以欧盟委员会法规形式发布实施与修订。图4-6所示为欧盟有机标志认证。

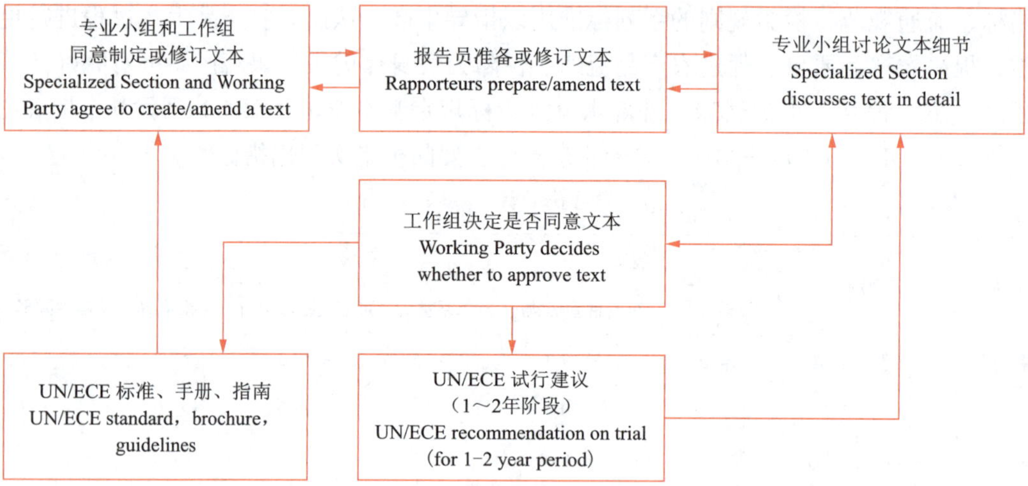

图4-5　UN/ECE农产品质量标准、手册或指南制定（修订）流程

美国农产品规格涉及美国农业部农业市场服务局（AMS），美国农业部粮食检验、肉类加工和活畜市场管理局（GIPSA），国家海洋渔业局（NMFS）三个政府部门。图4-7所示为美国有机标志认证。

图4-6　欧盟有机标志认证

图4-7　美国有机标志认证

日本农产品执行《农林产品等化和质量标识标准法》（JAS法），JAS法标准包括强制性标准与推荐性标准。图4-8所示为日本有机标志认证。

图4-8　日本有机标志认证

当前中国标准分为国家标准、行业标准、地方标准，对农产品的生产、运销等做出规范。为促进安全优质农产品建设，当前政府主导推行“三品一标”公共品牌，即无公害农产品、绿色产品、有机产品、地理标志农产品，主要侧重于农产品卫生安全评价与地域特色。

4.4.2　农产品包装设计

1．农产品包装设计的概念与功能

农产品包装是指为对流通领域中农产品及其副产品加以保护、美化而采用的容器或材料。农产品包装具有保护与美化两个主要功能。

保护功能：保护农产品是农产品包装的基本目的。农产品因自身属性差异，产地与销售地之间装运过程中易受到温度、湿度以及运输时间的影响，农产品包装对便于减少损耗、降低流通费用、便利商品运输具有重要作用。

美化功能：美化农产品是农产品包装的重要作用。通过包装美化商品，便于消费者识别产品，建立产品与消费者的心理联系，激发与增强消费者购买意愿，从而提高市场竞争力。

2．农产品包装材料

农产品包装以纸包装、塑料包装、玻璃包装、纤维包装、复合材料包装等为主。

纸包装材料具有成本低廉、生态环保等特点，但受潮后牢固度会下降，易受外力破坏。图4-9所示为纸质包装的陕西洛川苹果。

玻璃包装具有良好的阻隔性能，安全性程度较高，广泛用于农产品包装，但造价成本与运输存在一定问题。图4-10所示为玻璃包装的罐头。

图4-9　纸质包装（陕西洛川苹果）

图4-10　玻璃包装（罐头）

塑料包装具有成本低、性能优良、质轻美观的特点，是农产品包装的主要材料，但目前存在农产品塑料包装材料不合格以及塑料包装的环境污染问题。图4-11所示为塑料包装的黑龙江五常大米。

纤维包装材料具有结实耐用、材料张力良好的特点，但因部分农产品保鲜保质要求较高运用有限。图4-12所示为纤维包装的陕西米脂小米。

图4-11　塑料包装（黑龙江五常大米）

图4-12　纤维包装（陕西米脂小米）

复合材料包装。如发泡网，泡沫箱等，质地轻便，材料廉价，多用于水果等生鲜类农产品包装。

3. 农产品包装技术

防潮包装：如肉及肉制品等农产品在流通过程中易因受潮产生变质等现象，采用防湿材料对农产品进行包封或阻隔、减缓外界湿气渗入包装的速度以保护农产品质量。一般有热收缩包装、油封包装、多层包装等。

防震包装：如水果等农产品在运输过程中易发生损害，为减缓农产品受到的冲击与振动。通过填充纸屑、木屑、防震泡沫等减少对农产品的损伤。

防霉腐包装：如海鲜水产类农产品因流通过程中易因为环境湿度、温度、压力等产生霉腐，采用低温冷藏方式抑制霉腐微生物生长。

防虫害包装：如粮食等农产品在运输过程中因虫害产生产品结构破坏、产品污染等，为保护内装物免受虫类侵害、抑制虫类的生长繁殖而采取的包装方法。一般采用高温杀虫、低温杀虫、化学药剂等手段。

无菌化包装：如肉类腌制品等与空气接触可能产生变质，采用气密性良好、透氧量低的材料对农产品进行密封。一般采用真空包装、充气包装、脱氧包装。

4. 农产品包装设计

标志设计：标志是一种视觉符号，是产品包装设计的核心。标志设计将产品的功能、文化等通过特定图形固定，具有识别、传播、审美等功能。标志设计应遵循个性独特、通俗易记、符合社会审美与道德风范的基本原则。

包装结构设计：包装结构设计是指为对产品产生保护、美化等功能，依据产品特性、包装材料等对包装的构造进行设计，是产品有形部分之间相互联系、相互作用的技术方式。

包装容器造型设计：包装容器设计是指依据产品特性、运输储存环境、市场需求、社会审美风范，选用特定材料与使用特定技术方法所设计的结构合理的容器。同时，包装容器造型设计是包装装潢设计的载体。根据材质可分为硬质包装容器与软质包装容器，硬质包装容器包括瓶、罐、箱、杯、碗等，软质包装容器包括纸、塑料、纤维材料等。

包装装潢设计：包装装潢设计是指综合色彩、图形、文字、构图设计的整体效果，是包装设计最重要的内容，对产品展示与营销效果具有重大影响。

色彩主要在于色彩色调、色彩对比与照应（深浅、点面、繁简、差异），应遵循协调平衡、展现产品个性的原则。如绿茶包装多采用绿色，以展示茶清香典雅的特点。

图案主要包括标志、品名、原材料、使用示意图、产地、产品形象等，以年龄、职业、性别、教育背景为设计依据。如针对儿童的产品，多采用富有动感、可爱生动的图案。

文字主要在于符合相关文字规范、笔画变化（笔画异化、笔画共用、具象变化、装饰性变化），应展现产品个性、简明易识、具有审美功能。

构图指将色彩、图案、文字进行合理排布，应遵循和谐统一，主次兼顾的原则。

思政园地

构建全产业链、农业开发上新阶

皇华镇是山东省诸城市的一个古镇，是鲁东南沿海与内陆交汇的交通枢纽，它地处胶东半岛东南部，黄海、渤海分水岭北侧，南与日照接壤。皇华镇为二级城镇，位于南部经济区，主要产业为旅游业、食品加工等，是市域南部中心镇、旅游型城镇。由于地处山区，土地瘠薄，基础设施差，投入不够，人才流失，靠天吃饭，种植传统作物收益低，致使很多旱、薄、沟、坡地被荒弃，很多百姓生活在贫困边缘。

近年来，皇华镇立足区位优势，坚持生态优先、绿色发展的理念，在推进乡村振兴、创新“诸城模式”进程中，坚持以生产园区、生活社区、生态景区“三区”共建共享为路径，以农业“新六产”为主攻方向，将发展特色经济林作为践行“两山”理论、加快乡村振兴的重要突破口，大力推动工商资本下乡，发挥区域优势大力发展经济林产业，拓展了加快区域绿色发展、产业振兴的新路径。让皇华的绿水青山变成了群众致富的金山银山，走出了一条生态保护、经济发展、群众的“多赢”发展之路。通过发展榛子产业，推进农村一二三产业深度融合发展，实现了经济价值、社会价值、生态价值、历史价值、文化价值的全面提升。

（资料来源：编者依据网络资料改写。）

项目实施

任务4.1 挖掘并梳理六大类农产品的常见卖点

步骤1：查阅六大类农产品目录。

步骤2：运用农产品卖点相关知识，梳理出农产品所有的卖点。

步骤3：将梳理出的卖点和六大类农产品一一对应起来。

步骤4：整理归纳出六大类农产品的常见卖点。

任务4.2 填写农产品开发策略分析单

步骤1：以小组为单位，填写同类产品对比分析表，见表4-2。

表4-2 同类产品对比分析表

	品质	形状（包装）	性能（口感）	价位
新产品				
现有同类产品				

步骤2：挖掘新产品的独特卖点，并找出核心卖点。

步骤3：运用定价知识，完成新产品定价。

步骤4：完成产品的命名、包装设计。

项目小结

根据本项目的要求，学生首先要对农产品开发的概念、类型、途径、意义与趋势具有基本的认知；其次，对农产品卖点的内容与表现技巧、层次基本熟悉；对基本的产品定价策略具有较为深刻的认识；最后，对农产品的规格与包装设计进行一定了解。学习本项目，学生将掌握农产品开发的基本知识，为投身于未来的农业、农村建设，助力农业发展储备知识。

拓展知识

市场中畅销的农产品有的以新见长，有的以质诱人，有的以鲜取胜。农产品企业如何打造自己的特色农产品，是一个值得探讨的问题。

1. 创新生产流程

在农产品生产过程中，可以利用与其他企业不一样的流程打造自己的产品特色，如养猪场用牛奶喂猪，给猪播放音乐，一直持续到其长成，利用这种方式打造特色的喂养流程，使其产品在市场上区别于同类产品。

2. 差异化包装

包装问题是目前制约我国特色农产品发展的一个瓶颈，也是制约我国农产品品牌国际化的主要因素，通过特色的包装和广告来打造特色农产品，是解决这一难题的关键。

3. 拓展营销渠道

利用独特的营销渠道也可以打造出特色农产品，如一些矿泉水专门投放到奢侈品专柜，提升了自身品牌价值，一些野蘑菇投放在高档药房，凸显其药用品质。选择在这些地方销售，既可以提高其地位，又减少了与其他同类产品的竞争，给消费者耳目一新的感觉。

4. 提升售后服务

开发新顾客是留住老顾客成本的5倍，因此企业要提升售后服务留住老顾客，今天，会员制在产品销售中起到了重要作用，优秀的售后服务使消费者不仅对产品产生依赖，更使会员成为其身份地位的标志。

知识巩固

一、单选题

1. 农产品的外延型开发不包括（　　）。

A. 包装开发　　B. 服务开发　　C. 品牌开发　　D. 良种开发

2. （　　）面对不同消费者提供相同产品采取不同价格。

A. 渗透定价　　B. 价格歧视　　C. 动态定价　　D. 标价心理

3. (   )是FAO与WHO共同建立制定国际食品标准的政府间组织。

A. CAC   B. UN/ECE   C. OECD   D. EU

4. 农产品的卖点不包括(   )。

A. 形象   B. 颜色   C. 价格   D. 运输

二、填空题

1. ________是产品包装设计的核心。
2. 渗透定价适用于新产品、产品规模较大、________的产品。
3. 撇脂定价适用于全新产品、________、________的产品。
4. 农产品包装主要功能有________、________。

三、简答题

1. 在农产品开发中,你认为什么是主要卖点?
2. 当前国内的农产品规格体系,你认为有什么优劣?

拓展任务

假设目前你们团队正在从事农产品推广,请选定某一特色农产品,进行市场调研,挖掘它的卖点,并进行系列包装,形成自己的农产品开发方案。

笔记栏

项目评测

学习成果达成与测评

<table>
<tr><td>学号</td><td></td><td>姓名</td><td></td><td>项目序号</td><td></td><td>项目名称</td><td>农产品开发</td><td>学时</td><td>16</td><td>学分</td><td>0.4</td></tr>
<tr><td>职业技能等级</td><td>中级</td><td colspan="3">职业能力</td><td colspan="5"></td><td>子任务数</td><td>4个</td></tr>
<tr><td>序号</td><td colspan="4">评价内容</td><td colspan="6">评价标准</td><td>分数</td></tr>
<tr><td>1</td><td colspan="4">农产品开发策略</td><td colspan="6">能够根据农产品开发流程，撰写开发策略单</td><td></td></tr>
<tr><td>2</td><td colspan="4">农产品卖点策略</td><td colspan="6">能够挖掘不同类型的农产品卖点</td><td></td></tr>
<tr><td>3</td><td colspan="4">农产品定价</td><td colspan="6">能够掌握常见的农产品定价策略</td><td></td></tr>
<tr><td>4</td><td colspan="4">农产品包装设计</td><td colspan="6">能够熟悉农产品规格和现行标准</td><td></td></tr>
<tr><td rowspan="2">考核评价</td><td colspan="10">项目整体分数（每项评价内容分值为1分）</td><td></td></tr>
<tr><td colspan="11">指导教师评语</td></tr>
<tr><td>备注</td><td colspan="11">奖励：
1. 按照完成质量给予1～10分奖励，额外加分不超过5分。
2. 每超额完成1个任务，额外加分3分。
3. 巩固提升任务完成优秀，额外加分2分。
惩罚：
1. 完成任务超过规定时间扣2分。
2. 完成任务有缺项每项扣2分。
3. 任务实施报告编写歪曲事实，个人杜撰或有抄袭内容不予评分。</td></tr>
</table>

学习成果实施报告书

<table>
<tr><td>题目</td><td colspan="5"></td></tr>
<tr><td>班级</td><td></td><td>姓名</td><td></td><td>学号</td><td></td></tr>
<tr><td colspan="6">任务实施报告</td></tr>
<tr><td colspan="6">简述本工作任务学习过程中完成的各项任务，描述任务规划以及实施过程，遇到的重点、难点、解决过程和办法，撰写完整的农产品开发方案等，字数要求不低于800。</td></tr>
<tr><td colspan="6">考核评价（按10分制）</td></tr>
<tr><td colspan="3" rowspan="2">教师评语：</td><td>态度分数</td><td colspan="2"></td></tr>
<tr><td>工作量分数</td><td colspan="2"></td></tr>
<tr><td colspan="6">考评规则</td></tr>
<tr><td colspan="6">工作量考核标准：
1. 任务完成及时。
2. 操作规范。
3. 实施报告书内容真实可靠，条理清晰，文本流畅，逻辑性强。
4. 没有完成工作量，扣1分，故意抄袭实施报告扣5分。</td></tr>
</table>

项目5 农产品供应链管理

学习目标

【知识目标】

◎ 掌握农产品库存控制的方法；

◎ 掌握农产品物流管理的模式和措施；

◎ 掌握农产品电子商务物流的模式。

【能力目标】

◎ 掌握农产品库存控制的方法；

◎ 掌握农产品物流管理的模式；

◎ 掌握农产品电子商务物流的模式。

【素质目标】

◎ 培养农产品供应链成员吃苦耐劳的品质。

项目概述

【情境描述】

××是一个来自农村的高中毕业生，高考后，他在填报大学志愿时看到一些农业大学有供应链管理专业，特别是农产品的供应链管理。结合自己家乡在近些年肉眼可见的变化，越来越多的大学生回乡从事农产品交易，他立志报考××农业大学的供应链管理专业，特别学习农产品的供应链系统，为毕业后回乡创业，带动农产品产业发展，实现更多人的富裕而提前谋划。

【场景案例】

构建中国式现代化的农产品供应链体系建设

为深入贯彻党的十九届五中全会精神，切实落实《中共中央　国务院关于全面推进乡村振兴加快农业农村现代化的意见》要求和中央农村工作会议部署，加快构建农产品现代流通体系，提升农产品流通效率，保障市场供应，助力乡村振兴，促进消费升级，为构建新发展格局提供有力支撑，财政部、商务部决定进一步加强农产品供应链体系建设。

1. 工作思路

深入贯彻习近平新时代中国特色社会主义思想，坚持以人民为中心的发展思想，坚持新发展理念，紧紧围绕畅通国内大循环、助力构建新发展格局，遵循“强节点、建链条、优网络”工作思路，以省（自治区、直辖市）为实施主体开展农产品供应链体系建设，着力完善农产品流通骨干网络，强化长期稳定的产销对接机制，加快建设畅通高效、贯通城乡、安全规范的农产品现代流通体系。重点抓住跨区域农产品批发市场和干线冷链物流，补齐农产品流通设施短板，打通农产品流通“大动脉”；完善产区“最初一公里”初加工设施设备，提升农贸市场、菜市场“最后一公里”惠民功能，畅通农产品流通“微循环”。

2. 工作目标

通过两年时间，加快形成农商联系更为紧密、产销衔接更为畅通的农产品供应链体系，具体绩效指标如下：

① 推进农产品市场尤其是公益性农产品市场建设，提升公益性农产品市场地市级覆盖率。

②加快补齐冷链设施短板，提高本地区农产品冷链流通率。

③完善农产品零售网络，提升农产品零售网点覆盖率。

④加强产地商品化处理设施建设，增强农产品产地预冷能力。

⑤ 强化农产品产销对接机制，增加面向乡村振兴重点帮扶县的农产品销售专档、专区、专柜数量。

⑥ 完善农产品流通骨干网，提高中央财政支持的农产品批发市场在本地区农产品流通规模中的占比。

各地可采用《中央财政服务业发展资金管理办法》（财建〔2019〕50号）规定的方式对符合要求的主体予以支持，鼓励按照“菜单式、全公开、可追溯、问绩效”方式管理，强化绩效评价结果运用，采用以事后绩效评价结果为依据的“以奖代补”方式。鼓励创新财政政策，支持跨区域联动项目，对在外地注册法人但在本地有实体的非法人机构，以及在本地注册法人但在周边地区建设实体的机构，可在本地申报项目。

【课堂讨论】

1. 你认为加快打造更为畅通的农产品供应链体系的难点是什么？

2. 结合自己家乡的产品、地理位置等特点，谈一谈这些难点该如何解决？

思维导图

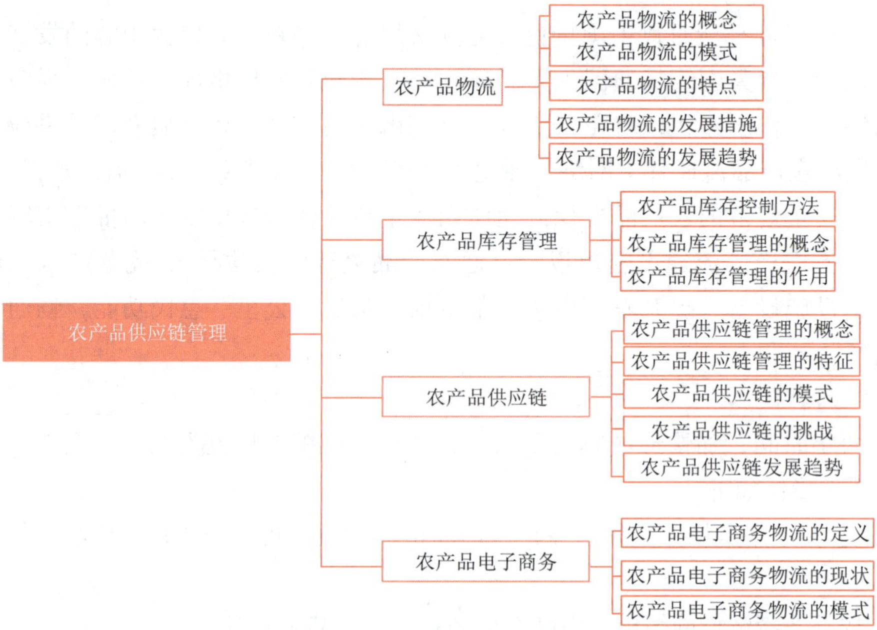

知识准备

我国是农业大国，在2001年底入世后，我国农产品的产供销在国际市场上面临着激烈的竞争。国外质优价廉的农产品依托着规模优势和先进的管理模式大举进入我国市场，这对我国从事农产品行业的各级从业者提出了更高的要求。为了跟上现代农产品管理的步伐，我们就要着力培育我国各类农产品中的核心企业，依托核心企业进行资源优化和整合，实现农产品供应链管理的总体效益最大化。本项目主要讲述农产品供应链管理、农产品库存管理、农产品物流和农产品电子商务的发展及管理模式，帮助广大从业者认清当前农产品供应链中各环节的特点以及利弊，从而为农产品供应链的未来发展和农产品电商的发展前景提供思路。

5.1 农产品物流

我国要想扩大农业发展规模，就必须扩大农产品的销售范围，要把农产品的营销工作和电子商务运营模式结合在一起，这样才能规模化地销售农产品。为了满足人们对异地农产品的需求，相关企业和部门必须建立新型农产品物流体系和农产品供应链管理模式。

5.1.1 农产品物流的概念

农产品物流是物流业的一个分支，指的是为了满足消费者需求而进行的农产品物质实体及相关信息从生产者到消费者之间的物理性流动。就是以农业产出物为对象，通过农产品产后加工、包装、储存、运输和配送等物流环节，做到农产品保值增值，最终送到消费者手中的活动。

我国农产品流通市场包含生产、渠道和终端三个环节。原产地采购一般由当地的产地批发商负责，然后经由物流供应商运输至销售地批发市场，经过销地二级、三级批发等之后到达餐饮店、菜市场、社区超市等直接面向终端消费者的业态。由于各层级均有专业化分工，终端餐饮及零售商试图越过层级时，往往面临着信息不对称、仓储物流成本较高等难点。

5.1.2　农产品物流的模式

随着农业发展的需求和对我国农产品的物流模式研究，物流模式已经从最初级的自产自销模式逐步演化为以连锁超市、物流园区等为中心的物流模式。

1．自产自销型农产品物流模式

这种模式是最原始和最初级的物流模式，由农户或者农产品生产基地直接配送到下游客户手中。这种模式适用于流通范围较小、批量较小的情况，已经不适合现今市场的需求，如图5-1所示。

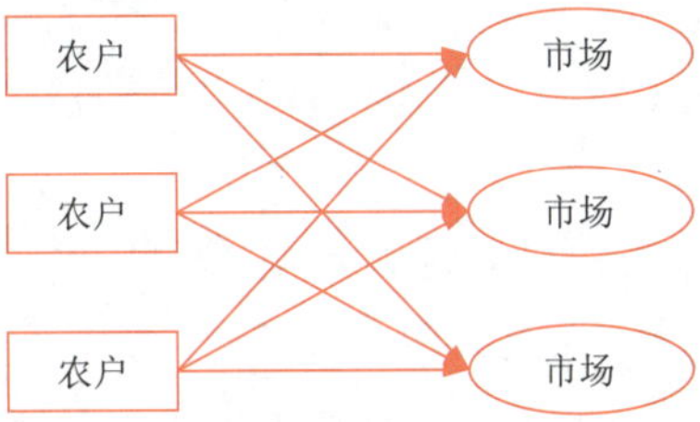

图5-1　自产自销型农产品物流模式

2．以农业合作组织为中心的农产品物流模式

这种模式交易环节较少，交易成本较低，有利于实现规模效应，能够及时掌握市场信息，如图5-2所示。

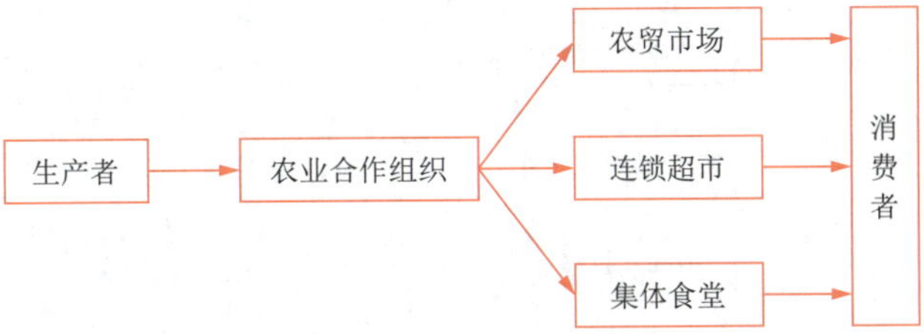

图5-2　农业合作组织为中心的农产品物流模式

3．以批发市场为中心的农产品物流模式

这种模式商流和物流一体化运作，借助批发市场体系的发展，扩大了农产品交易半径，单位物流成本明显下降，已经成了农产品销售的重要途径，但该模式不能发挥世界公认的批发市场作用，实际是业务批量放大了的集贸市场。我国目前的农产品批发市场只是农产品的集散地，主要单纯从事产品收购和批发销售，很少进行包装、加工等增值服务，而且大多数农产品批发市场没有建立现代化的物流信息系统。同时，交易环节多，成本较高，同时缺乏对农民利益的保障，如图5-3所示。

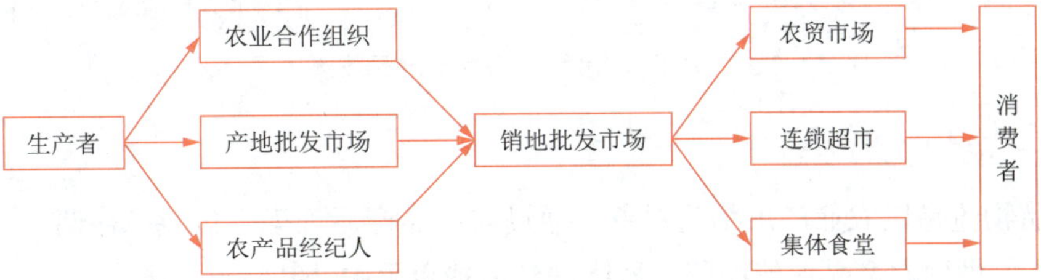

图5-3　批发市场为中心的农产品物流模式

4. 以企业为中心的农产品物流模式

这种模式是龙头企业与农户签订合同，规定农产品的规格与类型，农户生产者按照合约进行生产，最后由龙头企业收购农户的产品，经加工包装后再配送给零售商销售。这种模式下，产品附加价值和信息化程度得以提高，农民可以分享加工的利润，收入得以增加，促进了流通与生产的分工合作，降低了物流成本，提高了流通效率，有利于实现物流标准化。但是龙头企业与农户的履约率低，如何将龙头企业与农户结成利益共同体是后期需要关注的重点，如图5-4所示。

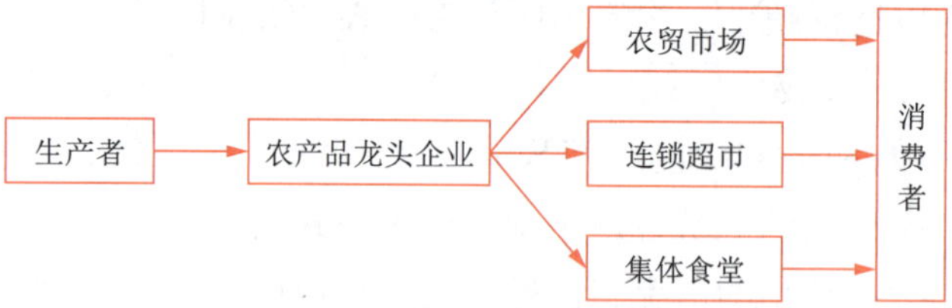

图5-4 企业为中心的农产品物流模式

5. 以连锁超市为中心的农产品物流模式

这种模式物流效率较高，物流成本较低，有利于推广订单农业，促进农产品生产、加工、销售产业链的建立，如图5-5所示。

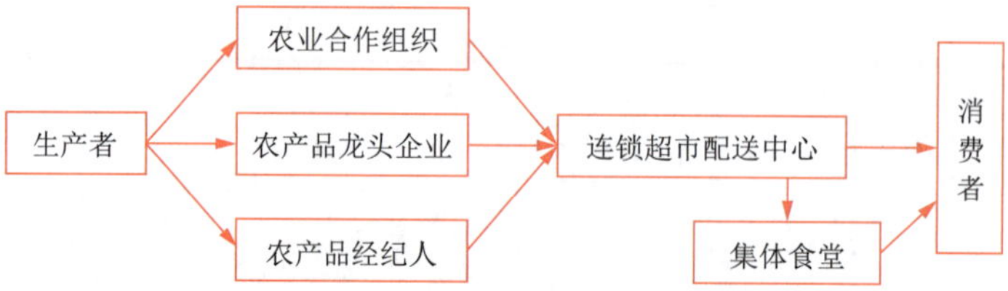

图5-5 连锁超市为中心的农产品物流模式

6. 以物流园区为中心的农产品物流模式

这种模式下，因为物流园区的参与，农业合作组织、批发市场和农产品经纪人通过集购的农产品可以通过物流园区提供的综合物流功能销售到更大的区域，并可以反噬物流供应链的管理能力，因此具有规模效应大、辐射范围广等特征，如图5-6所示。

图5-6 物流园区为中心的农产品物流模式

5.1.3 农产品物流的特点

农产品物流是以农业产出物为对象，通过农产品产后加工、包装、存储、运输和配送等物流环节，做到农产品保值增值，最终送到消费者手中。其特点如下：

① 农产品物流数量特别大，品种特别多。

② 农产品物流要求高。一是由于农产品与工业品不同，它是有生命的动物性与植物性产品。所以，农产品的物流特别要求“绿色物流”，在物流过程中做到不污染、不变质。二是由于农产品价格较低，一定要做到低成本运行。三是由于农产品流通涉及保证与提高农民的收入。因此，在物流过程中，一定要做到服务增值，即农产品加工转化，农产品加工配送。

③ 农产品物流难度大。一是包装难，二是运输难，三是仓储难。虽然我国农产品物流活动出现得比较早，但无论是在农产品物流理论研究还是在实际操作上，我国农产品物流的发展都很缓慢。

5.1.4 农产品物流的发展措施

目前，我国农产品物流与发达国家相比还存在一定差距，效率较低，物流成本较高。借鉴发达国家农产品物流的发展经验，我国农产品物流的发展措施应从以下几个方面入手：

1. 发展第三方物流是物流现代化的趋势

第三方物流意味着物流的专业化运作，能够提高物流的运作效率，降低物流成本。从发达国家的经验来看，发展农产品第三方物流，是我国农产品物流业由传统模式向现代模式转变的关键，也是我国农产品流通变革的必然选择。要加强宣传引导，树立现代物流服务理念，从顾客需求出发，树立用户导向的营销理念，为客户提供专业的、个性化的服务。通过第三方物流服务商与农产品供应链上的各参与方的协同运作和信息共享，实现物流成本的降低、效率的提升以及客户满意度的提高等，达到双赢乃至多赢的效果。

2. 政府大力支持是优化农产品物流软环境的保障

农产品物流业的发展离不开政府的支持，国外的发展经验已证实这一点。我们应该基于国情出发，在大中城市、港口、主要公路枢纽都对物流设施用地进行统筹、合理规划，并且以价格优惠政策和筹集资金的优惠政策提供支持。职能部门从战略上调控物流业的发展，在政策上向运用高新技术的物流企业倾斜，鼓励物流企业向国际化发展。

我国农产品物流面临的小生产与大流通的矛盾决定了其发展尤其需要政府的支持。政府部门应当为发展农产品物流创造良好的宏观环境，主要包括三个方面，即法律保护、财政资助和政策倾斜。

3. 优良的基础设施建设是农产品物流现代化必需的硬环境

良好的基础设施建设是支持物流系统高效、稳定运行的重要物质基础和前提保障。农产品物流的基础设施建设，包括农资及农产品批发市场的建设，农产品仓储设施建设，交通运输条件和工具等设施的建设。

首先，必须在国家财政支持下，综合利用地方、集体或个人集资以及引进社会资本的方式，加强农村道路建设，加快综合运输体系的建设。

其次，加大农产品运载工具的研发和生产力度。通过引进国外先进技术和自主创新相结合，研制与改进各式农用运输车，改善农产品运输装备。

最后，改造传统仓库，建立一批现代化的农产品仓储服务区和设施。采用新技术和新方法，科学、合理地进行库存的布局，发展农产品加工配送中心以及产地、销地农产品批发市场。

4. 先进的农业物流技术是企业物流信息化的基础

信息共享是实现供应链管理的基础，因此，信息化技术的创新与应用在整个供应链管理中起着至关重要的作用。物流技术的使用能够减少农产品物流环节，缩短流通时间，加快物流的速度，减少货物损耗，降低物流成本，是实现农产品物流增值的重要技术保障。我国应引进先进的农业物流技术，开发适合我国农产品物流特征的信息技术和信息系统，逐步实现农产品物流的自动化与信息化。

5. 农产品物流人才教育和培训是农业物流知识化的动力

建立农产品现代物流，树立观念是根本，人才培养是关键。目前，物流人才是我国相对短缺的人才，无论是初级还是高级物流人员都非常紧缺。然而，既了解农业生产经营特点，又掌握现代物流知识理论的农村物流专业人才更为缺乏。因此，加快熟悉农产品现代物流人才的培养，形成产、学、研各方面都对农产品物流业及相关领域的研究，对农村物流的发展有至关重要的作用。

5.1.5 农产品物流的发展趋势

1. 农产品物流市场体系逐步完善

全国各地坚持以市场为导向，大力培育农副产品市场（如大型批发市场、专业市场和集贸市场等），为促进农产品流通、农村产业结构调整和农民收入增加起到了积极作用。基本上形成了从生产、收购、流通加工、运输、储存、装卸、搬运、包装、配送到销售一整套组织环节。

农产品物流市场体系体现区域发展不平衡性。由于经济发展的不平衡性，城乡、地区在经济、消费、观念等方面存在着很大的差距，物流企业、物流设施、物流活动高度集中在交通极为发达的地区，而在乡村物流业的发展较为缓慢。东部沿海省份由于经济发达程度高，农产品物流市场发展迅速，流通体制完善，而西部地区由于经济基础差，农产品物流市场发育滞后。

农产品批发市场和农产品流通中心发展较快，但市场交易法规建设薄弱，交易规范化程度有待提高。农产品在流通过程中的中介环节过多，流通成本趋高。虽然农产品储藏加工业有所发展，但规模小、水平低。

2. 农产品物流形成主体多元化和组织形式多样化的局面

我国的农产品物流主体有：国有商业企业、供销社、民营企业、股份制企业等各类企业，农村生产经营大户、专业协会、专业场（站）、专业合作经济组织等。其中，农业产业化龙头企业在发展农产品物流方面起到了积极作用。虽然我国农产品物流从业主体绝对数量大，但是众多的参与个体和组织规模小、层次低、离散性强、联合性差，组织化程度低，缺乏竞争力。

3. 显示出农产品交易主体多样化和交易方式多元化的良好势头

除了传统的交易方式外，还相继出现了期货、拍卖、订单等新型交易方式。农产品的流通手段也有所更新，连锁经营、配送和网上销售等现代方式也有所发展。有些农产品已进入大型商业销售网络。总体来说国内的物流企业很多还是粗放式经营。

农产品交易主体主要有自产自销农民、农业企业和流通中介体（如流通协会、村级集体组织、专业协会等）。我国农产品交易环节形式多样，有生产直接进入零售的，也有生产、交易、一级、二级批发等多环节的。

4. 呈现出传统流通渠道为主且新型流通业形态逐步形成的态势

从县城到集镇、乡村，县城商业网—集镇商业网—乡村商业网的流通网络基本形成。集中分布固定网点，并以流动网点作为补充，以中小型网点为主，以县城为中心，集镇网络为骨干，联系乡村分散网点并与农产品采购网络结合起来的新型流通格局已逐步形成。随着农产品零售市场渠道的不断拓宽和规范化，特别是超市农产品销售等新型农产品销售业态的出现及规模的扩大，使农产品企业化经营得到快速发展。

5.2 农产品库存管理

生鲜农产品与其他产品相比具有自身的特殊性，保存难度较高。如若持有大量库存或者有不合理的库存制度，随着时间的流逝，生鲜农产品的经济价值会受到一定的影响。若库存过低，则会造成市场供应短缺，从而产生无法估量的缺货成本，进而会降低对消费者的服务水平，因此对农产品库存的合理管理会变得尤为重要。

5.2.1 农产品库存控制方法

1. 传统库存管理方法

传统的库存控制方法，其核心是在满足用户需求和服务水平下，尽量降低库存，使得总库存成本最低。典型的传统库存管理方法有如下几种：

（1）ABC分类法

ABC分类法全称为ABC分类库存控制法。它的核心是识别出少数的但又对事物起决定作用的关键因素和多数的但对事物影响较少的次要因素，用于确定库存管理的重点，从而减少资金和费用的一种简单的科学管理方法。ABC分类法是由意大利经济学家维尔弗雷多·帕累托首创的。后来，该方法被不断应用于管理的各个方面。1951年，管理学家戴克（H.F.Dickie）将其应用于库存管理，命名为ABC分析法，又称帕累托分析法。

由此，可以将库存分为ABC三类（见表5-1）。ABC分类库存控制法是库存控制的基本方法之一，被广泛应用于库存控制、生产控制、质量控制及其他许多管理问题。

表5-1 ABC库存分类法

库存类型	特点（按照库存商品金额占总库存商品金额的比例）	管理方法
A	品种数量占库存品种数量的10%，库存商品金额占总库存商品金额的80%	进行重点管理，在保证需求的前提下，尽可能减少库存，节约流动资金；应放在更安全的地方，为了保持库存记录的准确，要经常进行检查和盘点，预测时要更加精细
B	品种数量占库存品种数量的20%，库存商品金额占总库存商品金额的15%	进行次重点管理，与A类相比，现场管理投入时间少些，检查盘点周期长些
C	品种数量占库存品种数量的70%，库存商品金额占总库存商品金额的5%	只进行一般管理，但是由于品种多，差错出现的可能性比较大，必须定期进行库存检查和盘点，周期可以比B类长一些

（2）经济订货批量

经济订货批量（economic order quantity，EOQ）（见图5-7）通过平衡采购进货成本和保管仓储成本核算，以实现总库存成本最低的最佳订货量。经济订货批量是固定订货批量模型的一种，可以用来确定企业一次订货（外购或自制）的数量。当企业按照经济订货批量来订货时，可实现订货成本和存储成本之和最小化。

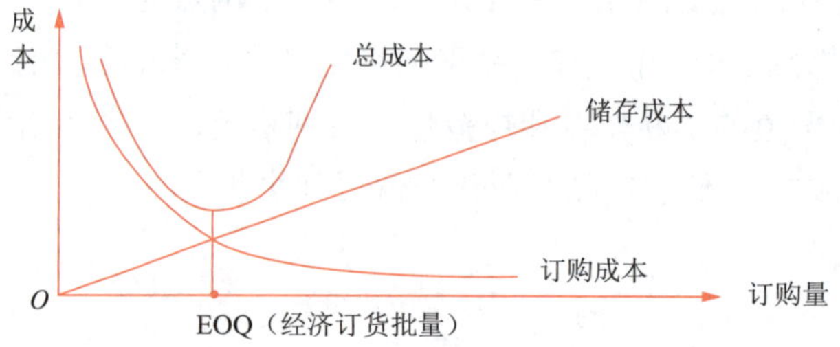

图5-7 经济订货批量

（3）准时生产制库存管理方法

JIT（just in time）作为一种先进的生产方式，通过看板等工具的应用，保证了生产的同步化和均衡化，实行“适时、适量、适物”的生产，效果明显。

JIT的基本原理是以需定供、以需定产，即供方（上一环节）根据需方（下一环节）的要求，按照需求方的品种、规格、质量、数量、时间、地点等要求，将生产物资或采购物资，不多、不少、不早、不晚且质量有保证地送到指定地点。

看板管理是JIT生产方式中最独特的部分，是JIT生产现场控制技术的核心，他将传统生产过程中前道工序向后道工序送货，改为后道工序根据“看板”向前道工序取货。看板管理方法按照准时化生产的概念把后道工序看成用户，只有当后道工序提出需求时，前道工序才允许生产，看板充当了传递指令的角色。

看板的机能：生产以及运送的工作指令、防止过量生产和过量运送、进行“目视管理”的工具、改善的工具。

2．现代供应链下库存管理方法

与传统的库存控制以单个企业库存费用最小化相比，供应链库存管理的目标是服从供应链的整体目标，通过对整个供应链上的库存进行计划、组织、控制和协调，从而减少供应链库存管理的成本，降低资源闲置与浪费，使供应链上的综合库存成本降到最低。根据供应链中的库存管理主体及内涵的不同，主要存在以下几种模式。

（1）供应商管理库存模式

VMI（vendor managed inventory，供应商库存管理）是一种以供需双方都获得最低成本为目的，在一个共同的协议下由供应商管理库存，并不断监督协议执行情况和修正协议内容，使库存管理得到持续改进的合作性策略。

VMI是从QR（quick response，快速响应）和ECR（efficient customer response，有效客户响应）基础上发展而来，其核心思想是供应商通过共享用户企业的当前库存和实际耗用数据，按照实际的消耗模型、消耗趋势和补货策略进行有实际根据的补货。

（2）联合库存管理模式

联合库存管理（jointly managed inventory, JMI）是一种在VMI的基础上发展起来的上游企业和下游企业权利责任平衡和风险共担的库存管理模式。联合库存管理强调供应链中各个节点同时参与，共同制定库存计划，使供应链过程中的每个库存管理者都从相互之间的协调性考虑，保持供应链各个节点之间的库存管理者对需求的预期保持一致，从而消除了需求变异放大现象。

（3）合作计划、预测与补给模式

合作计划、预测和补给（collaborative planning，forecasting and replenishment，CPFR）是一种哲理，它应用一系列的处理和技术模型，提供覆盖整个供应链的合作过程，通过共同管理业务过程和共享信息来改善零售商和供应商的伙伴关系、提高预测的准确度，最终达到提高供应链效率、减少库存和提高消费者满意程度的目的。

CPFR建立在JMI和VMI的最佳分级实践基础上，同时摒弃了JMI和VMI中的主要缺点。它的最大优势是快速反应，能够及时、准确地预测由异常变化带来的销售波动，让供应链上的所有企业都做好充足的准备以应对这些波动，最终实现供应链的“双赢”。它始终从整体观点出发，以库存管理为核心，兼顾供应链上的其他管理方面，制定统一的管理目标和实施方案。

供应链下各库存管理模式比较见表5-2。

表5-2　供应链下各库存管理模式比较

比较项	VMI模式	JMI模式	CPFR模式
管理实体	供应商	核心企业	协调工作组
主要思想	供应商参与管理客户库存	各节点企业共同参与库存计划管理	通过共同管理业务和共享信息来减少库存和提高消费者满意度
主要优点	减少库存成本，提高服务水平	共享库存信息，改善供应链的运作效率，改善客户服务水平	降低库存总量，快速反应，改善客户服务，发挥出供应链的优势、效率
主要缺点	缺乏系统集成，对供应商依存度、信任度要求较高	建立协调成本高，而且对于协作中心需要高度的监督	CPFR始于需求预测，终于订单生产，因此合作过程不是十分完善

5.2.2　农产品库存管理的概念

农产品库存主要是生鲜企业为了满足生产及供应的需要，将所需要的原材料、物资、半成品、成品等在不同流通阶段所进行的临时储存行为。农产品在流通过程中通常要克服时间差异和空间差异，正是这些差异，才必须以库存作为衔接各流通阶段的纽带，所以农产品库存就很有必要。虽然持有库存很有必要，但是库存可以使企业流动资金减少，从而减缓企业现金的周转速度，也给企业利润的实现产生一定影响。因此就要对农产品库存进行有效管理。农产品库存管理又称农产品库存控制，是对农业企业、生产、经营全过程的各种物品、产成品以及其他资源进行管理和控制，使其储备保持在经济合理的水平上。通过对农产品库存的管理，可以实现农产品以最小的成本、最高的效率送给恰当的客户。

5.2.3　农产品库存管理的作用

既然库存管理可以让农产品，一方面减少其经济价值的损失，另外一方面也可以更加完美地契合市场的需求，那么持有一定库存还是有积极的一面。农产品库存的作用主要体现在以下几个方面：

1．优化需求端和供给端的资源配置，应对农产品企业经营的市场不确定性

农产品企业在生产经营中最理想的状态是企业的供应和市场的需求做到高度契合，但是由于市场的随机性、农产品的特性以及各类因素的影响，这种高契合度往往难以实现，进而造成了农产品供给与需求之间的矛盾。为了弥补这种低契合度，农产品生产企业就必须持有一定的库存；另一方面，持有一定的库存可以很好地应对突发情况带来的不确定性，避免造成产品的产销相脱节。持有适量的库存可以有效衔接这些环节，减少不确定因素对农产品生产企业的影响，从而降低企业库存管理风险。

2．增加企业经营过程中的规模经济效应

虽然农产品生产企业持有一定的库存会带来一定的成本上升，比如订货成本，库存管理成本等。但是若把相应的成本分摊到每件库存商品上就会有效降低单位商品的成本。特别是一些农产品的种植周期或者订货周期较长，企业通过持有大量库存来达到采购的规模效应，降低总库存成本，从而增加企业经营的规模经济效应。

3．调节产品价格

农产品的价格极易受到供需矛盾的影响，在集中收获的季节，市场呈现的特征明显是供过于求，大量的农产品上市，造成了农产品滞销现象。农民急于出售，往往会以低价出售，甚至为了降低采摘成本，任农作物腐烂在田间地头，比如河南中牟曾因蒜薹价格太低，只有无奈地任其烂在地里。这样既浪费了资源又打击了农户种植的积极性。而在淡季，因无货供应或者供应太少而菜价又上涨，增加了百姓的生活成本。若持有一定的库存，可以有效地缓解这种供需不平衡的现象，即在旺季持有一定的库存在淡季进行销售，既可以有助于解决农产品生产企业的销售问题，又可以抑制淡季农产品价格的飞涨，从而让价格始终处于一种良性循环状态。

4．满足客户多样化需求

持有库存可以满足消费者在淡季对物品的需求，满足其多样化需求。农民对农产品的加工能力有限，可以在仓储过程中，利用仓库的场地和农产品企业的技术，对库存农产品进行初步加工，增加农产品的附加值。

可见，维持适当的库存水平，对于调节作业工序，保证生产经营活动的有序进行和维持产品在市场上的良好供给，使企业获得良好的经济效益，都具有十分重要的意义。

5.3 农产品供应链

农产品供应链是我国现代农业市场体系建设中不可或缺的组成部分。建立现代化的农产品供应链体系，对推进我国农村地区一、二、三产业的融合发展，提高农产品在国际市场的竞争力和话语权等具有重要的意义。加强农产品供应链体系建设已经成为农业生产经营者和农村治理体系建设管理者关注的热点。

5.3.1 农产品供应链管理的概念

虽然对供应链管理的引用可以追溯到20世纪80年代，但可以肯定地说，直到20世纪90年代，供应链才引起了许多组织高层管理人员的注意。他们认识到供应链管理的力量和潜在

的影响，它能使行业或者企业更具国际竞争力，从而增加市场份额和提升公司的总体效益。

供应链这一名词直接译自于英文"supply chain"，不同学者对供应链的定义也各不相同。美国学者斯蒂文斯（Stevens）认为："通过增值过程和分销渠道控制从供应商的供应商到客户的客户的流程就是供应链，它始于供应的原点，止于消费的终点。"伊文斯（Evens）认为："供应链管理是通过前馈的信息流和反馈的物流及信息流，将供应商、制造商、分销商、零售商，直到最终的用户连成一个整体的模式。"而我国最权威的供应链管理专家之一马士华教授把供应链定义为："供应链是围绕核心企业，通过对信息流、物流、资金流的控制，从采购原材料开始，制成中间产品以及最终产品，最后由销售网络把产品送到消费者手中将供应商、制造商、分销商、零售商，直到最终用户连成一个整体的功能网链结构。"

20世纪90年代初期，供应链思想被引入农业领域，农产品供应链（agricultural supply chain）是供应链在农业领域对供应链的实践。Downey认为农产品供应链是一个由上至下的垂直型链条，不仅包括农产品生产，还涵盖了加工及营销等相关流程。而我国学者认为农产品供应链管理是对农产品生产的原料供应、生产加工、产品物流和销售等环节参与者的关系的管理，具体的组织形式表现为纵向一体化和横向一体化的战略联盟。农产品供应链管理是供应链管理在农业领域中的具体应用，它将农业生产资料供应、农产品生产、加工、储运、销售等连成一个有机整体，并对其中的人、财、物等流动要素进行组织、协调和控制，以期获得农产品价值增值的活动过程。

5.3.2　农产品供应链管理的特征

农产品因其易腐烂等特点，在产品从收购到配送至消费者手里的过程中，需要各方共同参与，协同配合。同时，农产品的生产具有明显的季节性、区域性、分散性等特征，因此农产品供应链所表现出的复杂程度远超其他商品的供应链。农产品供应链的特点可以概括如下：

1. 供应链参与方多

农产品供应链和其他类型的供应链相似，供应链上合作企业众多，涉及农、工、商等领域，而如何做到信息完全共享，并把各个参与方有效进行整合是供应链管理者的难题。

2. 供应链市场风险大

农产品的价格受到季节性的影响，因此价格起伏较大。市场的有效供求信息若不能及时地传递至生产者，那么由此给整个供应链带来的损失则不可避免，而这种潜在的市场风险时刻存在着。

3. 供应链投资回报期长

因鲜活农产品容易变质腐烂，在生产、运输、流通和销售过程中必须采取一定的保护措施，才能保证消费者买到质量合格的农产品。例如，鲜活农产品在经营时需加工、分类和整理，运输过程中部分商品要放置在特定的容器内，还受天气、地域等自然条件约束，且保证农产品供应链有效运行所需的设施设备投资较大，自然就面临着生产周期长和投资回报期长的特点。

4. 供应链物流要求高

鲜活农产品生产具有区域性，不同地区的人们又有不同的需求，因而需要在不同区域间进行运输。但由于鲜活农产品容易变质腐烂，即使使用了保鲜技术，也难以避免一定比例的损耗，使流通成本上升，这制约了鲜活农产品流通路径，因此对供应链物流要求较高。

5. 供应链的物流路径烦琐

因农产品具有地域性特点，而我国大部分地区都是非规模化生产，因此一处的产量往往不能满足生产的需求。这种产品就需要在不同的地方被生产和收购后，通过物流统一集中到加工中心，然后经初步加工，再沿分销商、零售商、到达客户/消费者手里，整个过程呈现出集中-分散的显著特点。

5.3.3 农产品供应链的模式

1. 当前我国农产品供应链模式

当前，我国农产品供应链模式主要包括以大型连锁超市为主导的模式、以批发市场为主导的模式、以农民专业合作社为主导的模式和以生产加工企业为主导的模式。

（1）以大型连锁超市为主导的农产品供应链模式

我国现阶段以大型连锁超市为主导的供应链模式是我国农产品供应链的重要组成部分。大型超市主要从生产基地、批发商、农民合作组织、批发市场等渠道采购农产品。虽然采购方式多样，但是不利于管理，今后从生产基地、农民合作组织、大型农户直接采购将会是发展趋势。

一些大型连锁超市具有集聚效应，它们促进农产品流通，便利了居民消费，有利于溯源系统的建设。但是大型连锁超市的辐射范围有限、超市准入门槛高、市区配送难等问题仍然突出。

（2）以批发市场为主导的农产品供应链模式

农产品批发市场以粮油、畜禽肉、蛋类、水果、蔬菜等农产品及其加工品为交易对象，提供买卖双方长期、固定产地设备设施，并具有形成价格、信息展示、商品集散等功能的场所。

农产品批发市场：产地市场是建在靠近农产品产地的、以一种或多种农产品为交易对象的批发市场；销地市场是建在城市近郊甚至市区、以多种农产品为交易对象的批发市场。我国农产品的70%以上经由该模式进入老百姓的餐桌，是连接产销双方的纽带，具有无可比拟的作用。未来，农产品批发市场仍然是农产品流通的主要渠道。

（3）以农民专业合作社为主导的农产品供应链模式

农民专业合作社由农民自发组成，代表农户的利益。当合作社位于上游时，它能为农户提供化肥种子等；中游则可以对生产活动及行为进行指导和质量监控；下游时，可以收购农产品。由于合作社是农户集体代表，有利于为生产者争取最大利益。

（4）以生产加工企业为主导的农产品供应链模式

该模式可以表示为：农户+（批发商）+加工企业+（批发商）+（零售商）。农产品不直接进入市场流通，而是进一步加工，提升产品附加值后以更高价格进入市场。但是，在这种模式下，一是生产加工企业对农产品的种类、品质有着特殊的要求，相当大一部分产品无法达到标准；二是经过深加工的农产品虽然具有更高的价值但是市场容量却小得多，难以消化产量巨大的初级农产品。

2. “互联网 +”下农产品供应链模式

随着我国互联网的渗透率越来越高，农产品供应链模式也搭上了互联网发展这趟快车，其模式也有了以下创新：

（1）第四方物流主导模式

随着供应链发展的日趋成熟和市场的统一，供应链中许多大企业为了自身的发展需要，将物流业务外包给第三方物流企业，以提升对核心业务的投入和利用第三方物流的优势。但是大多数第三方物流企业缺乏系统全面的整合能力，加之市场不断扩大，许多企业外包物流时不得不将物流业务报给多家物流企业，这将使供应链变得复杂和难以管理。由此，第四方物流应运而生，它是供应链的整合者，它对内部和外部具有互补性服务的供应商的各种资源、信息、技术、能力进行统一管理，为客户提供整套供应链解决方案。

未来存在的第四方物流为农产品供应链上的多家企业进行服务，集成第三方物流，向客户提供解决方案。它将是未来解决农产品供应链核心企业数量少、规模小的有效方法。

（2）“农户 + 互联网平台 + 物流”模式

2007年“农村商务信息服务”工程被中央列入一号文件，在各级部门和企业共同努力下，我国农村电子商务发展势头迅猛。时至今日，农村淘宝、一号店等农村电子商务平台也持续发展。

“农户+互联网平台+物流”模式架起了消费者和生产者之间的信息桥梁，不仅降低了“牛鞭效应”，而且最大限度上保证货源和品质，同时，完善的售后评价体系使得农户卖得开心、消费者吃得放心。

（3）“生产基地 + 新媒体 + 批发商（大型连锁超市、生产加工企业）”模式

互联网时代，各种媒体遍地开花，微信公众号、微博公众号、网页推送、高铁电视广告和第三方App等。结合传统行业，生产基地利用一定的资金和技术，建立自己的网站，通过高精度图像、文本、声音，实现产品的具体展示，吸引批发商、大型连锁超市和生产加工企业前来采购。这样点对点的交易可以减少中间环节，简化交易程序，提升供应链效率。

（4）“定制化服务”模式

基于客户思维的农产品供应链的核心是定制化服务。农产品的定制化服务种类也是多种多样，例如，初级农产品可以在数量上、种类上和在外形上定制化；生产加工企业则可以在包装上、口味上、发货时间上定制化等。还有一些高级化的定制，例如，在生产基地的果园领养一棵树，从它开花到结果消费者都可以按照自己的要求进行栽培，农户只是提供指导意见，让消费者有自然新奇的感觉。消费者还可以要求农户根据自己的喜好，定制不同外形的水果，如方形西瓜、有籽苹果等。

互联网发展日新月异，农产品供应链也受到巨大影响并产生许多新模式，良好的供应链可以改善生产者、中间商和消费者各主体之间的关系；可提高农产品生产、加工、流通等环节的标准化程度，提高农产品产业流通效率，继而实现农产品产业可持续发展。

5.3.4 农产品供应链的挑战

1. 高昂的运营成本

农产品从原材料到最终顾客的商品流，更多的是采用传统的模式，即通过中间商一级一级地从上游的供应商到下游的客户，所以整体来说农产品供应链具有运营成本高的特点。

2. 农产品易腐烂的特性

农产品本质上容易腐烂，这是农产品供应链中最大的问题。除了谷物和豆类的保质期较长外，大部分农业食品，如新鲜水果、蔬菜、牛奶和乳制品，都是容易腐烂的。因此，从食物被采摘的那一刻起，一直到达最终客户端，保持食物的品质和新鲜度至关重要。与此同时，在农产品供应链的运营中，还需要以适当的温度和湿度来存储和运送这些农产品。

3. 最后一公里的瓶颈

农产品供应链对时间极其敏感。农产品必须以最好的状态送到客户的手中，做到没有任何质量问题。运输，特别是对易腐农产品的运输，在农产品向消费者的运输过程中至关重要。食品的质量和新鲜度往往因缺乏足够的运输基础设施（如冷库或冷藏车）而受到影响。此外，低效的配送和非最优的配送计划往往会导致配送车队利用率不足和产生额外的行驶里程。农产品配送中最重要的物流问题之一就是缺乏供应链意识。

4. 农民至消费者一站式模式

不可抗力（如地震、台风、洪水等）的发生彻底打破了农民和家禽经销商的商业模式，让他们被迫放弃传统的销售技术，以新的营销方式来吸引消费者。此外，为了保证成本效益和最后一公里的高速配送，就像其他零售行业一样，农民至消费者一站式模式在农产品供应链中的使用越来越普遍。这种模式让农民可以绕过中间商，比如加工商、分销商和零售商等，直接将新鲜产品销售给客户。

5. 利用物流技术优化农民至消费者一站式的直接营销

虽然直接面向客户是节省运营成本和消除中间商的好方法，但是使用人工智能和物流技术可以改善供应链的每一个环节。路线规划和优化软件可以帮助规划从农场到客户地点的日常调度活动。路线优化还有助于选择最短、最优和最有效的路线，将农产品交付给客户，降低燃料成本，并大大提高交付效率。企业还可以使用“最后一公里”可见技术，追踪商品从包装和发送到送达客户家门口的供应链流程。农民也可以为客户提供实时状态更新，培养一种信任和开放的感觉。

5.3.5 农产品供应链发展趋势

1. 结构性供给过剩将生鲜农产品推向买方市场

据统计，2010年起我国农产品滞销事件已逾1 600起，这反映出我国农产品的供给已经逐渐超过市场需求，进入结构化的供给过剩时期。这使得市场开始转为以消费者为中心的买方市场，一切供应链环节需要围绕最终消费者来重新定价，供应链质量的价值进一步放大。

2. 渠道压缩给零售端与物流端留下充足的品牌建设空间

电商的出现降低了供需交易的信息成本，农产品的产销渠道发生巨变，大量的批发市场进行信息化改造，渠道优势不再。这样的环境下给了中间层组织（如零售商和物流商）

更多品牌建设空间，利用触达客户的优势建立非生产端的品牌形象。

3. 流通链条将形成以批发市场为核心多类主体并存的多元形态

目前农产品已经形成了以批发市场为中心，零售商等多种主体并存的多元形态，大型超市、生鲜电商、生鲜超市、便利店等多种零售业态将给供应链整合带来更多的空间，物流管理和冷链布局将成为产品成本优化、产品质量控制、产品品牌建设等环节最重要的影响因素。

4. 农超直供模式等多种模式兴起，社会化第三方冷链物流将产生巨大需求

渠道加速融合，未来零售商和渠道商将会加强前置仓网络的建设，农超直供模式的提升与发展也会进一步丰富冷链整车线路、冷链零担网络的需求，干支线冷链运输社会化物流需求将被进一步加强。

5.4　农产品电子商务

电子商务日益广泛的应用显著地拉动第三产业的发展，创造了大量的就业和创业机会，并在促进中小企业融资模式创新，推进企业转型，建立新型企业信用评价体系等方面发挥了积极的作用。使用电子商务能够实现更快速的流通和低廉的价格，电子商务减少了商品流通的中间环节，节省了大量的开支，从而也大大降低了商品流通和交易的成本。

我国是农业大国，在电子商务物流发展起来以前，我国的农产品经营主要还是运用传统意义上的经营方式及对市场实施区域性开发加以实现的。因为农产品销售形式与农产品市场信息所具有的滞后性导致我国在农产品生产经营中具有供需无法实现之状况，这也是造成农产品销售不够流畅的最终因素。随着我国电子商务的持续发展，电子商务物流对农产品的经营途径加以创新与完善，成为未来发展的重要趋势。

农产品电子商务的定义不一，结合国内外学者对农产品电子商务的论述，本书给出了自己的定义："农产品电子商务是指利用互联网、计算机、多媒体等现代信息技术，为从事涉农领域的生产经营主体提供在网上完成产品或服务的销售、购买和电子支付等业务交易的过程。农产品电子商务是一种全新的商务活动模式，它充分利用互联网的易用性、广域性和互通性，实现了快速可靠的网络化商务信息交流和业务交易。"

5.4.1　农产品电子商务物流的定义

农产品电子商务物流，即以农产品为对象的电子商务物流，是指涉农企业运用电子商务技术（主要指计算机、信息网络等技术）对农产品的生产加工、运输、仓储、配送等物流环节进行合理的调配和系统的整合，实现各环节的协同运作，提升物流的信息化水平，最终达到提高农产品物流信息和实体商品传输效率的目的。

5.4.2　农产品电子商务物流的现状

农产品物流设计的环节比较多，从生产阶段到收购、加工、批发、销售等多阶段，再到消费这个环节，上游的供应商和下游的客户同样数量众多。电子商务环境下，在不同的环节中，农产品物流管理问题也各不相同、但总的来看，农产品电子商务物流的现状主要体现在以下几个方面。

1．物流设施不完善

就目前农产品的物流运输和仓储情况来看，农产品物流还存在基础设施不完善的问题。这是因为部分地区还不够重视农产品的物流问题和物流体系建设，地方政府的政策和资金支持力度不够。这也是当前部分地区亟待解决的问题，只有解决这个问题，农产品物流体系才能得到建立和完善，农产品的流通成本才会下降。

2．农产品物流体系不健全

很多农产品不能直接进入消费者手中，需要经过中间的众多环节，农户作为整个价值链的前端并没有占有太多的利润，而利润更多地流向中间商，同时，消费者也无法以较低的成本进行农产品采购。这就是农产品物流体系不健全所带来的弊端。与此同时，农产品物流体系不健全还表现在各收货点距离生产者较远，交通不通畅，农村地区没有实现物流全覆盖，农村地区的电子商务信息系统建设比较滞后等。

3．缺乏信息系统

传统的农产品物流配送存在信息沟通不畅的问题，这是因为从业者没有搭建相应的信息系统，无法收集供销双方的信息，无法了解市场的供需情况，也导致信息沟通不畅。为此，2021年6月，《商务部落实〈中共中央　国务院关于实现巩固拓展脱贫攻坚成果同乡村振兴有效衔接的意见〉实施方案》再次提出，要在推动流通提升方面实施“数商兴农”。“数商兴农”就是充分释放数字技术和数据资源对农村商务领域的赋能效应，全面提升农村商务领域数字化、网络化、智能化水平，提升电商与快递物流协同发展水平、提升农产品电商化水平，推动农村电子商务高质量发展，进而支持和促进农业农村的生产发展和乡村产业振兴。

5.4.3　农产品电子商务物流的模式

1．B to B 模式

B to B模式是目前农产品网上流通的主要模式，是指农产品的供给企业和求购企业借助于网络完成农产品交易相关的所有环节，是一种涉农企业间的电子商务模式。当地农产品生产企业或专门从事农产品销售的企业由于自身较强的规模优势和品牌影响力，通过自建农产品网站进行推广，也可以在某第三方网站上进行推广，从而实现农产品信息的在线发布，为求购企业提供便利。

2．P to C to B 模式

P为个体户，C为cooperative，指的是农业协会、农业合作社，B为农产品销售、流通和加工企业，也可以是大型的零售企业，比如大润发、麦德龙等。对于分散的单个农户经营的现状，农户如果要争取平等的经济地位就需要形成一个整体，有组织，有策略地对农产品进行销售，而各类农业合作社能有效地承担这个角色。

在生产环节，农业合作社根据市场需求统一组织农户来完成，为了提高效率和质量，农业合作社接受客户的订单时，会根据订单安排生产，并提供技术支持。尤其是近些年生态农业及其产品大受欢迎，单个生产很难控制农药等用量和时机，有组织，有指导的生产使生态农业变为现实。

在销售环节，农业合作社以整体的身份对外和农产品需求企业在网上进行洽谈，签订

购销合同等。有一定经济能力和技术基础的农业合作社可以自建网站，以有特色的农产品为招牌吸引客户，同时可以在网上发布供给信息，甚至可以完成农产品的跨境贸易。

在物流环节，由农业合作社负责按照质量要求将农产品分拣、包装好，然后在网上寻找第三方物流公司完成送货服务。在支付环节，农业合作社可以通过线上付款的方式来方便操作。

3. P to G to B 模式

在该模式下，G为各级政府。中央政府部门结合农民实际需求，建立一批针对农副产品种植和研制、产品销售和供求信息、人才培训和外出务工、网上农产品交易等涉农网站。由于政府具有很强的公信力，不论是农户端还是企业端都会信任政府的中介作用。

4. B to C 模式

该模式是指农产品供应企业和消费者借助于网络完成农产品交易相关的所有环节。它实现各类农产品供应企业和消费者的直接对接，使交易的时间和空间得到不同程度的缩短，进而实现交易成本的降低。消费者的需求使农产品供应企业能够及时、准确而全面地了解市场需求状况，并以此指导农产品的生产经营。

5. C to C 模式

该模式是指消费者与消费者之间借助于网络电子商务展开的交易模式，在农产品流通领域是指单个农户与消费者之间通过网络进行的农产品交易。其特点是农户利用专业网站提供的大型电子商务平台，在网上开店销售自己的农产品。

思政园地

农产品电商助推安徽砀山酥梨加工业

安徽省的最北端——砀山县，拥有2 200余年历史，素有“世界梨都”的美誉。砀山依靠悠久的水果种植传统，在互联网时代依托电商平台实现了酥梨规模化种植，并壮大了特色水果农副加工产业。

砀山县依托“政府+电商龙头企业+农户”“电商服务中心+培训+农户”的模式，大力发展电商销售渠道，塑造农产品电商品牌。据统计，砀山县目前拥有电商企业1 370家，网店和微商近5万家，带动10万多人从事电商物流等相关产业。

3月2日，在拼多多助农直播间，砀山县县长陶广宏助卖砀山酥梨，从砀山酥梨历史、独特的自然生长环境讲起，并现场炖起了冰糖雪梨。60万人涌进直播间围观县长带货，当天店铺销量27 000多单，在拼多多平台售出近14万斤砀山酥梨。

砀山县还聚焦脱贫攻坚，带动传统果农不断调整种植结构，扩大优质水果种植规模，当地拥有超过3 000亩高端梨有机种植基地。同时当地企业不断研发生产果醋、果酒、果胶、果品医药等高附加值电商产品水果，推动当地加工产业提档升级。在“改革开放四十年　2018中国电商扶贫行动”活动中，砀山县以9 111.69万元的农产品网络零售额，在100个国家级贫困县中排名第一。

项目实施

任务 5.1 设计一份猕猴桃的冷库储存工序方案

农产品的储存比多数通用产品要复杂得多，通过此任务可以让学生了解到农产品的储存，特别是需要冷藏的农产品出入库的基本程序。

步骤1：冷库准备。根据猕猴桃基地所在位置选择距离合适的冷库，进行冷库的密封性检查、电路检查、灭菌处理等，提前签订储存协议。

步骤2：确定采收期。确定采收期后（根据果实硬度和外观变化确定），及时通知冷库做好入库的各项准备。

步骤3：采收。在采收中要对猕猴桃进行分类初步处理（区分果实的成熟度、好坏果、灭菌）。

步骤4：短途运输。从果园快速运往冷库的入库区，进行二次处理（挑选、分级、包装）。

步骤5：入库堆垛。对包装好的猕猴桃根据先前的计划进行堆垛存放，留开风道、底部垫高、垛距和跺高合适，做到箱和箱上下能够镶套稳定。

步骤6：贮藏管理。定期对猕猴桃进行查验（检查冷藏温度控制、湿度控制、气体成分，通风换气，定期检查水果品质和设备安全等）。

步骤7：确定贮藏期限并出库。根据市场销售规律确定贮藏期限，提早做好出库准备（如将果实放在缓冲区10～12个小时让其缓慢升温，缩小与外界温度差）。

任务 5.2 撰写一份关于解决农产品“最先一公里”的方案

农产品最先一公里是指农产品物流过程的最前端，也是影响农产品最终品质的关键阶段。通过完成此任务，学生可以深入实际了解农产品物流的前端体系，从而给出一个理想化的方案。

步骤1：做好调查，包括当前最先一公里存在的问题，包括行业从业者认识不到位、基础设施投入不够、系统缺乏标准化等。

步骤2：建议集装单元化（用托盘和集装箱）、物流标准化（装载工具、装卸搬运、包装储运等使用统一标准）来提升装卸搬运效率。

步骤3：建议建设产地冷库。及时预冷，减少损耗，通过预冷来延长农产品的销售期、提高议价能力和扩大产品利润。

步骤4：建议建设产地配送中心。配送中心通过预冷、包装、储存等环节让产品进行增值，同时配送中心利用自己的辐射能力收集区域信息，从而可以调节产销平衡。

项目小结

随着电子信息的发展，农产品会借助电子信息和物流迅速地走出产地，辐射到更大的需求区域。在这个过程中，农产品从产地如何高品质地走出去和农产品在物流运输过程中应该如何在各个节点能做到集中和分散是农产品从业者需要考虑的问题。

根据本项目的要求，学生可以了解到不被人重视的“农产品最先一公里”，并在实际工作中根据具体情况做出更加详细的解决问题方案。同时，在农产品流通过程中，进入仓库是必不可少的环节，本项目也能让学生了解到农产品进库、储存和出库中会有哪些方面需要详加考虑。

拓展知识

供应链是一个系统工程，不仅仅由人们所认知的仓储和运输构成，它是围绕核心企业，由核心企业的供应商的供应商到客户的客户所构成的一个网链结构。随着全球人工智能、数字孪生、物联网、区块链等数智化技术的快速发展，农村电商变革了农产品传统流通方式，成为农村数字经济发展的突破口和领头羊。商务部把2024年定为促进消费年，农产品电商责无旁贷，要发掘农产品电商新动能，创新农产品电商新模式，更加有效地实现以消费需求引导深化供给侧结构性的改革，健全县乡村物流配送体系和优化农产品供应链体系建设就显得不可或缺。

计算机、互联网、移动网、物联网、大数据、云计算、区块链、人工智能等更加多样的信息技术在农产品电子商务领域的应用范围越来越广。当前，农产品供应链正由旧供应链模式向新供应链模式转型升级。这里既包含传统流通模式的转型升级，又包括综合性电商、垂直型电商、社交性电商、跨境电商以及物流配送供应链、支付结算网络金融等多种模式在内的创新。专家认为，过去农产品市场是“生产什么买什么，买什么就消费什么”，现在反之成为“市场需要什么就卖什么，卖什么就生产什么”，形成了新的“拉式供应链”。

知识巩固

一、单选题

1. 下列符合我国现阶段农产品物流现状的是（　　）。

A. 轻生产、重流通　　B. 冷链物流已经形成

C. 信息化水平较低　　D. 物流设施和手段发展较快

2. ABC分类库存控制法是库存控制的基本方法之一，被广泛应用于除以下（　　）外的活动中。

A. 库存控制　　B. 生产控制　　C. 质量控制　　D. 分拣作业

3. 农产品产出时间较为集中，但人们的消费天天都有，而农产品物流可以通过系统、科学的方法解决这一矛盾。这是农产品物流（　　）。

A. 弥补时间创造价值　　B. 创造场所价值

C. 实现加工附加值　　D. 缩短时间创造价值

4. 物流技术的使用能够减少农产品物流环节，缩短流通时间，加快物流的速度，减少货物损耗，降低物流成本，是实现农产品（　　）的重要保障。

A. 物流增值　　B. 技术更新　　C. 供应链分工　　D. 供应链整合

5. 以龙头企业为中心的农产品物流模式通过除（　　）外，把农产品配送给最终消费者。

A. 连锁超市　　B. 农贸市场

C. 集体食堂　　D. 农产品经纪人

二、填空题

1. 农产品在流通过程中通常要克服________和________，正是这些差异，才必须以库存作为衔接各流通阶段的纽带，所以农产品库存就很有必要。

2. 通过________和分销渠道控制从供应商的供应商到客户的客户的流程就是供应链，它始于供应的原点，止于消费的终点。

3. 基于客户思维的农产品供应链的核心是________。

4. 农产品库存管理可以增加企业经营过程中的________效应。

5. ________农产品物流模式是最原始和最初级的物流模式，由农户或者农产品生产基地直接配送到下游客户手中。

三、简答题

1. 简述我国农产品物流进一步发展的对策。

2. 谈谈建立现代化农产品供应链的意义。

拓展任务

盒马鲜生是国内新零售领域的先锋，一经问世就在业界引起轩然大波。盒马作为集超市、便利店、餐饮店和菜市场功能于一体的零售综合体，在线上线下双管齐下旨在以数据和技术驱动消费者打造社区化的一站式新零售体验中心。盒马鲜生供应链涉及了生产商、供应商、地产商、加盟商等一系列节点角色，通过与领馆、协会和品牌商紧密合作，构建全球直采体系和全球供应链体系，打造从源头到餐桌的全程供应链。

试调查盒马鲜生的供应链模式及盒马鲜生是如何做到全链数字化管理的。

笔记栏

项目评测

学习成果达成与测评

<table>
<tr><td>学号</td><td></td><td>姓名</td><td></td><td>项目序号</td><td></td><td>项目名称</td><td>农产品供应链管理</td><td>学时</td><td>6</td><td>学分</td><td>0.2</td></tr>
<tr><td>职业技能等级</td><td colspan="2">中级</td><td colspan="3">职业能力</td><td colspan="4"></td><td>子任务数</td><td>3个</td></tr>
<tr><td>序号</td><td colspan="3">评价内容</td><td colspan="7">评价标准</td><td>分数</td></tr>
<tr><td>1</td><td colspan="3">VMI管理</td><td colspan="7">能够详细了解VMI库存管理模型的工作原理</td><td></td></tr>
<tr><td>2</td><td colspan="3">触达客户</td><td colspan="7">利用综合知识，撰写关于供应链中间组织如何利用触达客户来建立非生产端的品牌形象的策略</td><td></td></tr>
<tr><td>3</td><td colspan="3">分析报告</td><td colspan="7">撰写一份自然灾害对农产品供应链影响的分析报告（可以拟定一款具体产品）</td><td></td></tr>
<tr><td rowspan="2">考核评价</td><td colspan="10">项目整体分数（每项评价内容分值为1分）</td><td></td></tr>
<tr><td colspan="11">指导教师评语</td></tr>
<tr><td>备注</td><td colspan="11">奖励：
1．按照完成质量给予1～10分奖励，额外加分不超过5分。
2．每超额完成1个任务，额外加分3分。
3．巩固提升任务完成优秀，额外加分2分。
惩罚：
1．完成任务超过规定时间扣2分。
2．完成任务有缺项每项扣2分。
3．任务实施报告编写歪曲事实，个人杜撰或有抄袭内容不予评分。</td></tr>
</table>

学习成果实施报告书

<table>
<tr><td>题目</td><td colspan="5"></td></tr>
<tr><td>班级</td><td></td><td>姓名</td><td></td><td>学号</td><td></td></tr>
<tr><td colspan="6">任务实施报告</td></tr>
<tr><td colspan="6">简述本工作任务学习过程中完成的各项任务，描述任务规划以及实施过程，遇到的重难点以及解决过程，总结文字和注意事项等，字数要求不低于800。</td></tr>
<tr><td colspan="6">考核评价（按10分制）</td></tr>
<tr><td colspan="3" rowspan="2">教师评语：</td><td>态度分数</td><td colspan="2"></td></tr>
<tr><td>工作量分数</td><td colspan="2"></td></tr>
<tr><td colspan="6">考评规则</td></tr>
<tr><td colspan="6">工作量考核标准：
1. 任务完成及时。
2. 操作规范。
3. 实施报告书内容真实可靠，条理清晰，文本流畅，逻辑性强。
4. 没有完成工作量，扣1分，故意抄袭实施报告扣5分。</td></tr>
</table>

项目6 农产品电商运营技能要求

学习目标

【知识目标】

◎ 了解文案写作的特点；

◎ 掌握不同类型文案写作要求；

◎ 掌握图文处理过程中的相关知识；

◎ 了解视频收集和处理过程中的相关知识。

【能力目标】

◎ 学会主图文案的写作；

◎ 学会详情页文案的写作；

◎ 学会营销推广文案的写作；

◎ 掌握图文收集、处理和排版技能；

◎ 掌握视频收集和处理技能。

【素质目标】

◎ 了解文案写作中可能出现的问题，明确文案创作的底线原则。

项目概述

【情境描述】

李明暑假回家，村长找到他，说村里为了响应县政府联动村镇，发展农村电商的号召，最近也想把家乡的猕猴桃放在网上销售。除了网络销售猕猴桃产品，村委会还想趁八月猕猴桃丰收搞一个线下采摘活动，通过“线上+线下”联动的方式把村子猕猴桃的名气打出去，既带动猕猴桃销量，又拉动周边文旅产业。

作为专业对口的大学生，李明主动将这项活动的宣传推广任务揽在身上。他先是对村镇猕猴桃做了调研，发现村镇基地猕猴桃已经有一定规模，不仅在口感、卖相上满足市场标准，而且能够供应较大销量的猕猴桃。接着，他又在周边村镇转了几天，发现周边村镇除了有猕猴桃种植，还有草莓基地、茶叶基地，由于家乡风景优美，还有零零散散的农家乐和特色美食店。李明考虑把这些要素整合起来放进他的宣传文案里。

【场景案例】

随着乡村振兴战略的全面实施，农业农村的高质量发展迫切需要大批高素质的新农人。新农人具有较强的信息化和市场化思维，是新型农业生产经营的主体，是具有知识、眼光、技能、追求的一群人。他们中不乏海归回国、城市青年下乡或乡村进城求学然后再回乡的高学历人士、有经营工业商业的成功者，也有进城务工、在外参军转业回乡的青年农民。

新农人对传统乡村生活具有高认可度，但同时也对农业这一古老产业有创新性的探索和突破。他们愿意使用“互联网+”的思维，提高专业素养、综合素质以及经营管理能力。同时，政府、企业也在不断探索合理有效的新农人培训模式，帮助农业、农村、农民自动化和智能化水平不断提高，建立健全更加完善的农村生产经营推广模式。

当前，培育农产品电商实践运营技能是推进乡村振兴战略实施的基础之一，也是乡村振兴战略实施的突破口。用互联网技术武装自己的新农人，作为助力农业农村发展的新动力，是美丽乡村的建设者，是乡风文明的倡导者，是乡村可持续发展观的践行者，更是乡村振兴的主体力量。

【课堂讨论】

1. 假如你是李明，你想如何为家乡猕猴桃进行宣传？

2. 为了完成你的宣传计划，你需要掌握哪些技能？

思维导图

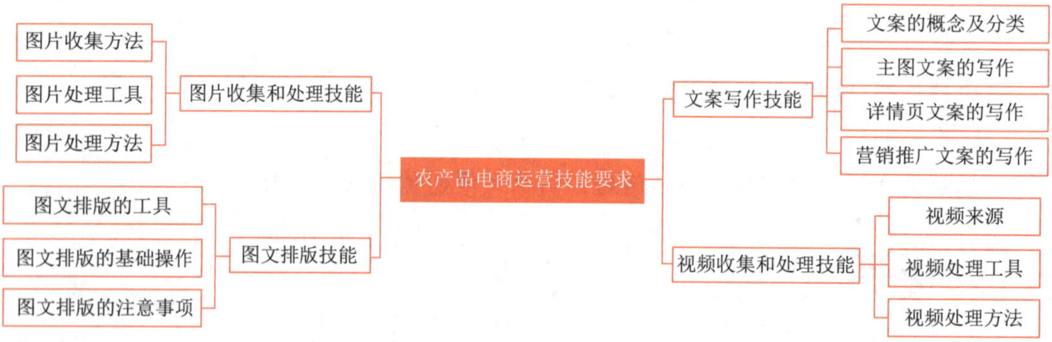

知识准备

6.1 文案写作技能

不管农产品是以文字、图片还是视频的方式进行对外推广，文案创作始终是基石。农产品文案写作看似简单，但小到朋友圈图文配送、大到电商平台的详情描述，甚至是推广活动时的营销宣传都需要精心设计，提升其吸引力、传播力和影响力。

6.1.1 文案的概念及分类

文案本意是指放书的桌子，后来也延伸为在桌子上写字的人，如古代衙门里草拟文牍、掌管档案的幕僚，其地位比一般属吏高，现在也可以用来代指公司或企业中从事文字工作的职位。

本书要讨论的文案着重指文字产品，即主要通过文字来表现创意策略先后呈现的表现过程、发展过程与深化过程。和一般的文学创作不同，它是在艺术包装下的商业展示，针对的是有特定需求的消费群体，也因此决定了不同于文学作品的虚拟性，文案创作必须以严谨、真实为前提，将信息准确地以图片、文字进行呈现，从而突出特定产品或活动。“文案”二字，不同于文章，而更多偏向于方案。

文案的分类有不同的划分标准，例如，美国广告代理商协会（4A）按照专业程度，将文案划分为：助理文案（ACW）、文案（CW）、高级文案（SCW）、资深文案（SCW）。这种分类比较职业化，一般用在专业的广告公司。按照文案适用的不同范围，也可以分为商务文案、创意文案、企划文案、品牌文案等。国内目前比较常用的两种分法，一种是按照文案的作用划分，另一种是按照文案的传播载体来划分。

1．根据文案的作用不同划分

品宣类文案：通过文案设计介绍特定的产品或者公司。

活动类文案：通过文案创意进行活动宣传等，如开屏页文案。

推广类文案：和品宣类文案比较接近，但更多强调对产品或者活动的营销推广。

转化类文案：针对特定的活动策划，通过文案实现销售转化，如“9.9包邮送到家”。

2．根据不同的传播载体划分

纸媒文案：包含报纸、杂志、海报、商店POP物料、产品包装等以纸质媒体为主要传播载体呈现的文案形式。纸媒文案侧重文字，辅之以图片来表现产品创意，实现营销目的。

电视广播文案：以电视和广播为主要传播载体，侧重视听效果，以视频、声音为主要元素来加深受众记忆，实现营销目的。

新媒体文案：以新兴媒体，尤其是移动互联网媒体为主要传播平台进行创意输出。在新媒介技术的加持下，新媒体文案不仅可以以多媒介的方式，运用文字、图片、镜头等多种语言，还能够利用网络交互性，实现和用户的互动，与用户共创文案。

农产品电商的文案创作主要聚焦在新媒体文案中，以主图文案、详情页文案和营销推广文案为主。

6.1.2 主图文案的写作

主图是农产品最重要的展示窗口，相当于产品的招牌。主图不只要让消费者看到，更重要的是需要换取点击率，只有主图设计有特色，才能吸引消费者注意力，获得点击率，实现后续的销售转化。

1．确定文案目的

知道为什么而写，这是文案创作的首要任务。

文案写作是以实用为目的而进行的写作，农产品文案的目的一般有以下几种：向潜在用户展示新鲜的产品信息、进行农产品活动宣传、根据淡旺季进行产品预售等。不管哪一种，最终在农产品文案呈现中，核心还是要吸引消费者点开图片，从而实现收藏或购买。文案写作的目的决定了对图文元素的选择，以及其他内容的相应呈现。在主图文案创作中最好选择能够凸显产品/活动特性的信息，直接、醒目地予以视觉刺激。

其次，不同类型的产品其定位不同，宣传的核心点自然也不同，不能一概而论。文案设计人员一开始要做好充分的调研，明确该款产品的关键属性，如健康、绿色、环境、品质等，并进行有效表达，从而起到更好的推广作用。

2. 锁定目标受众

搞清楚文案为什么而写，接下来更要知道写给谁看。销售对象越清晰，整体文案的针对性会越强，带给客户的冲击力也会更强。比如一位小伙在街边摆摊卖水果时打出“甜过初恋”的销售标语（见图6-1），这个标语确实吸引了一定人群的驻足观望，但真正购买水果的客户却零星稀少，而旁边直接打出“10元3斤”销售标语的水果摊，却被抢购一空。按照常理，“甜过初恋”的文案更具文艺范儿，更符合“写作”的标准，但从实际的销量来看，却是一条失败的文案，因为它没有明确目标客户。一般在路边摊买水果的客户群体普遍年龄偏大，或者在上下班路上比较匆忙，很难在这种情境下和“初恋”产生共鸣，也就难以刺激相应的购买行为，反而不如“10元3斤”的直接呈现更吸引他们的注意。

图6-1　水果摊“甜过初恋”的文案标语

不同的用户群体，对产品的需求不同，即便是同一类用户群体，在不同情境下对产品的需求也不同。搞清楚读者在什么情境下阅读文案，再有针对性地进行信息传递，能更好地实现销售转化。如上文案例中所说的“甜过初恋”，如果放在社区中主要针对中青年人群的超市，可能会有更好的效果。

3. 精练内容表达

确定了为什么而写，以及写给谁看，才能明确知道要在首图文案中呈现哪些内容，接下来就要对内容进行精准提炼，通过恰当的图文搭配，生成主图文案。

主图文案强调视觉刺激，适宜用以下几种方式来提炼信息：

利益诱惑：通过突出高性价比或者凸显赠品、优惠券等信息来吸引用户注意。信息中涉及数字部分，最好用阿拉伯数字进行直观展示，如“9.9包邮到家”。

感情渲染：通过情感渲染抓住用户心理柔弱点从而找到情感共鸣，实现销售转化，但要注意，不宜过分煽情，如“汤圆里有家的味道”。

恐惧诉求：通过“敲警钟”的方法唤起人们的危机意识和紧张心理，促使他们相信购买行为迫在眉睫，如“只有100件限量出售”。不过要提醒的是2023年实施的新广告法对广告文案中恐惧诉求的使用做了比较严格的规定，文案写作人员一定要明确自己创作的界限。

对比策略：通过对比其他产品或者市场平均水平，突出自身产品的优势，如“标准，越高越好”。

主动提问：通过主动发问的方式，刺激用户思考，从而让他们和产品产生更多联系，如“你知道牛油果的营养价值吗？”

理想描述：找到客户需求，通过简单明了的广告语，突出产品特性，让用户更直观了解产品特性，如“一个柑橘一杯橙汁”。

事件借力：即所谓的“蹭热点”，新媒体环境下，网络热点往往更容易触发用户的兴趣点，从而获得更多关注，如“进淄赶烤”。

名人效应：多针对名人代言或推荐的产品，借助明星效应，实现流量转移，如“××代言/推荐”。

值得注意的是，主图文案中的内容不宜过多。当主图中要表现的内容比较多时，往往容易隐藏重点。信息呈现应重点选择产品中的最大卖点或者关键性元素进行展示，让消费者一目了然。内容简洁，空间布局上也不会显得杂乱，主图文案大多是在手机中呈现，手机屏幕本身较小，烦琐的内容没有呼吸感，消费者不会愿意看，看了也记不住。

另外，整体的配色也应尽可能简单，设计原则上不超过三种颜色，如特仑苏牛奶的产品推荐中，主图整体采用特仑苏的产品配色，整体具有一致性，更有辨识度。主图中比较重要的位置用于呈现产品特色，即对牛奶的升级改造，让消费者第一眼知道产品的卖点，下方再用小字注明活动内容，如图6-2所示。

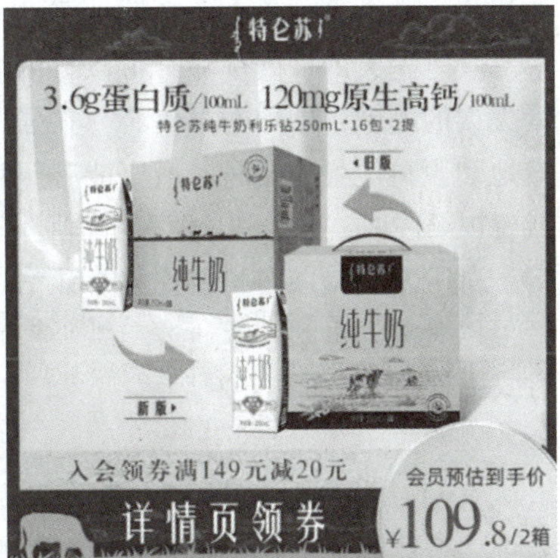

图6-2 特仑苏活动广告文案

最后，在农产品主图设计中，一定要警惕刻板印象带来的“村味”文案。主图文案可以接地气，可以更多去表达农村鲜活的生命力，但不能为了进行视觉刺激，迎合市场的

"审丑文化"，选用一些过于艳俗的元素，或者诸如牛皮癣广告似的呈现，这样不只无法打动消费者，更不利于农产品品牌的长期发展。

6.1.3 详情页文案的写作

详情页文案写作的目的非常明确，就是卖货，因此，文案的角色就是销售，有没有将卖点写清楚，能不能打动消费者，是详情页文案写作考虑的核心，其撰写逻辑就是要打消用户在购买农产品时可能会产生的顾虑，并且提供给用户额外的信息，促使其做出购买决定。

详情页撰写一般包括以下步骤：

1. 巩固需求，激发购买欲望

消费者能点开首图，来到详情页，基本上已具有一定的需求，愿意继续往下了解，这个时候需要更多抓住用户的痛点，激发其购买欲望。例如，可以借助前面介绍的利益诱惑、感情渲染、对比策略等，用相较于主图文案来说，更加详尽的信息对用户进行说服购买，刺激他们继续往下去了解产品信息。

2. 突出农产品优势，引发信任

这一步是详情页文案创作的重点，因为农产品本身的好坏、区别于市场其他同类型农产品的优势才是用户产生购买行为的关键因素。农产品介绍可以着重考虑突出产地优势和原料优势、工艺和加工制作优势、产品感官优势。

（1）产地优势和原料优势

对于农产品来说，原料和产地很重要，如五常大米、丹东草莓等地标性农产品具有先天的口碑优势，可以打消决策失误的顾虑，增加购买信心。在强调产地和原料优势的同时，最好能有照片或者视频佐证，更容易让消费者信服。

如五常大米结合科技优势，让消费者可以对拿到手的大米通过二维码扫码方式进行溯源，如图6-3所示。

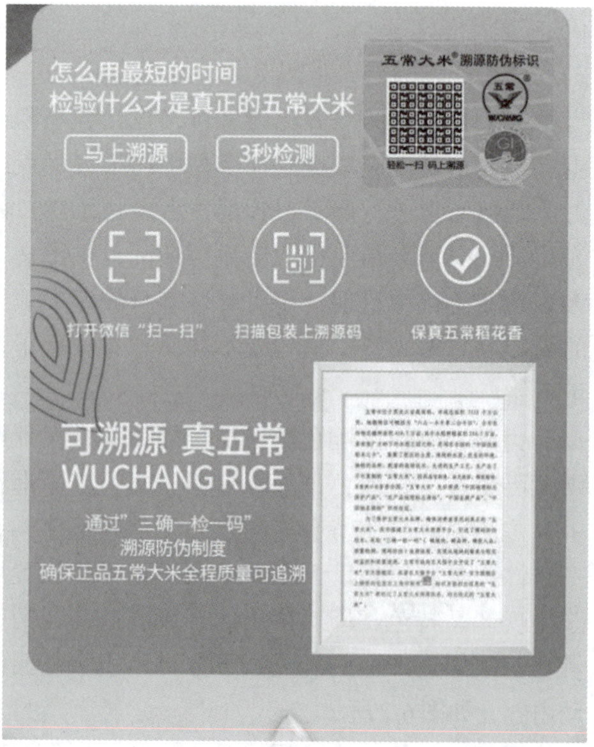

图6-3 五常大米产地溯源

（2）工艺和加工制作优势

针对一些竞品市场较大的农产品来说，特殊的工艺、秘制的配方，能够更好提高消费者好感度。内容呈现的过程中，越详细的数据越容易让人感觉到产品的用心，提升信服力，如"三层过滤""九道加工"等。

突出工艺优势，可以使用FAB法则，建立卖点和买点之间的联系，以一

种简单易懂的方式说明这种工艺和改进能给用户带来什么改变。

Feature：属性——采用了什么工艺使得农产品具有何种（特殊）属性。

Advantage：优势——这种工艺使得农产品有什么优势。

Benefit：好处——会给用户带来哪些切实的好处。

图6-4所示为五常大米的工艺呈现。

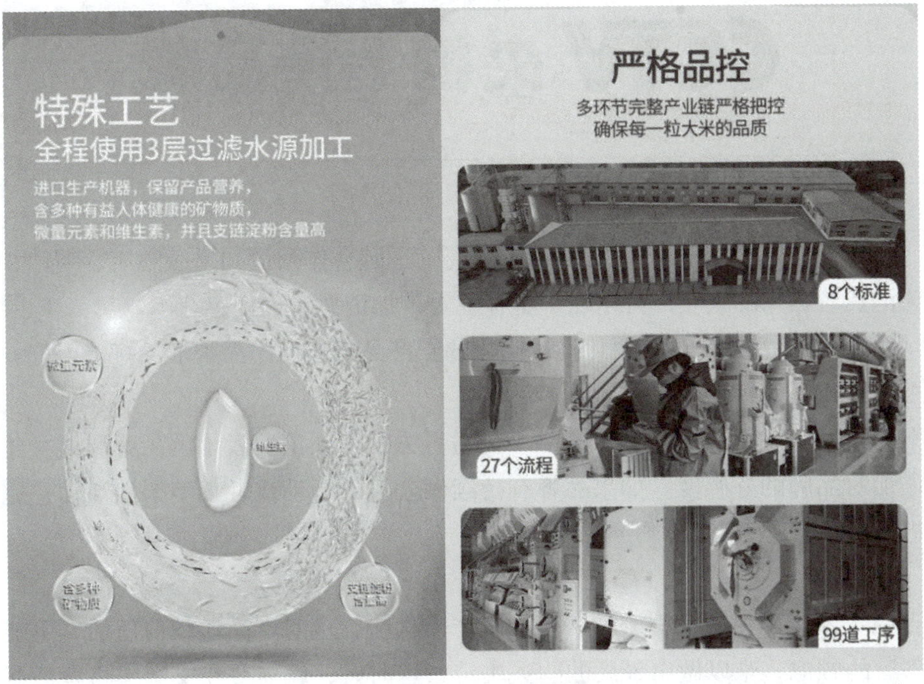

图6-4　五常大米的工艺呈现

另外要注意的是，农产品本身的特殊性导致对科技优势的体现可能不如传统古法制作的强调更容易打动消费者，如消费者对“转基因食品”会有所顾虑，但对“纯手工制作”却会有更多好感。

（3）农产品感官优势

农产品尤其是可食用农产品往往不只要进行视觉呈现，可以在文案描述中更多借助感官体验，放大嗅觉、触觉、味觉等方面的体验，让用户能更立体地了解产品本身特点。

不过，任何优势都是口说无凭，能用事实或者数据说明来证明，会更有说服力。可以通过附加对比图或者直接用数字说话的方式，把产品原本比较抽象的特点更直观地进行说明，把卖点变得更加具体化，让消费者能真切感知农产品特性。

3．产品/品牌背书，打消顾虑

主要是利用第三方背书，增加农产品可信度。一般来说，产品或者品牌背书的方法有以下几种：

① 畅销证明：利用从众心理营造热销的现象，从而说服购买。如“全网累计销售××万”等。

② 消费者证言：借助其他用户的言论，打消消费者对产品的顾虑，根据消费者的认可

度，还可以分为明星代言、明星同款、KOL推荐和普通消费者好评，只要能让消费者觉得真实可信，就能够起到背书作用。

③ 权威背书：包括权威专家、权威机构的权威认证/质检、权威媒体报道和权威典籍等（见图6-5）。

图6-5 权威媒体报道背书

④ 合作商背书：农产品的上游原料供应商、下游合作渠道如星级酒店、餐厅、大型商超等更为消费者熟知的企业，可以在一定程度上增加消费者信任感。

⑤ 品牌背书：主要针对专业化、规模化的农产品销售商，品牌形象打造得好，消费者自然认可品牌旗下的相应产品。

品牌背书可以借助创始人故事、品牌公益等方式，让消费者了解品牌调性，建立情感链接，增加对品牌的好感度。如果品牌有持续做公益的行动或者大型捐助活动，也可以在详情页进行展示，树立形象。

4．售后服务呈现，给用户最后的定心丸

农产品大多生鲜易腐，很多消费者了解产品优势，也对产品比较信任后，可能出于对物流、售后的顾虑，难以做出最后的购买决定，这时候，就需要在文案中将售后服务的优势体现出来，让人买得更加放心。

售后部分主要包括以下几个方面：

① 全网保价。

② 售后保障。

③ 做出承诺。

④ 产区发货。

⑤ 包装优势。

⑥ 快递优势。

具体呈现哪些部分，可以根据农产品特性，在成本可控制的范围之内进行设计。

6.1.4 营销推广文案的写作

农产品电商中的营销推广文案主要有产品营销和活动营销两种，前者侧重于对某一类农产品的宣传推广，后者侧重于对某个营销活动的策划宣传。不管是哪一种，和前文主图文案的设计一样，首先需要明确目标，这是文案策划的基础，尤其是活动营销中，搞清楚想要实现什么目标，获得什么结果是后期营销活动的重要指南。不同于主图文案设计，营销推广文案的目的必须更加具体、更加细化，如不同阶段想要实现的销量、利润等都需要考虑进

去。其次要明白受众是谁，明白营销推广为谁而做才能更有针对性地制定营销策略。

1. 新媒体环境下，学会借助场景思维引发读者共鸣

场景思维就是在营销设计中，将用户放置在某个实际、具体的情境下，思考农产品如何满足用户需求的思考方式。例如，针对大米产品，能够让人联想到的往往是全家围坐在一起吃饭的情景，那么针对这类产品就可以更多从合家欢的场景着手进行推广。

创建场景更有益于用户阅读整个文案，通过选取用户生活中熟悉的场景，对画面进行细致描述，从而让用户能够自然而然联想到特定事件，特定氛围，进而触景生情，感同身受，引起用户的情感共鸣，最终引发购买欲望。

2. 场景搭建中，运用细节增加真实感

为了让场景更加真实，可以在文案中增加更多细节。细节的呈现可以借助图片和文字共同实现。

图片可以重点选择具有特写效果的部分，从而呈现出一种放大和聚焦的效果，这对凸显农产品特性尤其有效。文字部分可以使用细致的描写，结合人的视觉、听觉、味觉、嗅觉、触觉等感官效果，让用户在阅读的同时产生强烈的画面感。这也要求文案写作者自身一定要充分了解营销推广的产品或活动，才能更加细致真实地描述相关细节。

值得注意的是，文案描述一定要避免抽象歧义，越具体，画面会越清晰，也就越容易让用户产生兴趣，但同时也不能事无巨细，给用户造成烦琐复杂的观感。

3. 运用多种修辞手法完善场景效果

除了前面提到的描写，也可以用类比、对比、隐喻等多种修辞手法辅助完善场景的呈现效果。

类比：当用户对农产品比较陌生时，可能容易产生抵触心理，也比较难产生相应的画面感，这时可以借助类比的方式，使用用户更为熟悉的事物进行类比解释，从而增加用户对产品/活动的熟悉度，提高信息传达的效率。

对比：人们在进行购买活动时，都喜欢进行比较，尤其是同类产品之间，会进行反复比较，确定更能满足自身需求的产品。因此，在撰写营销推广文案时，可以给用户提供一个已知的、熟悉的东西作为参考，方便用户进行比较，进而更容易让用户对产品产生印象，避免用户随意猜测。比如在展示农产品大小时，可以直接使用一个用户更加熟悉的参照物，让其更直观地了解相应产品的尺寸。对比的难点在于找到好的参考物，通常是用户记忆中更加真实生动的形象，并通过对比将极大地影响用户的决策。

隐喻：在文案中加入适当的隐喻，会让用户更容易理解，也能增加文案的趣味性，让用户更感兴趣。

在文案推广中一般将隐喻分为结构隐喻、方位隐喻和物质隐喻。结构隐喻即将抽象的事物具体化，在商业广告中应用最为广泛，往往能够带给受众委婉、舒服的心理感受，让受众更易接受。如“牛奶香浓，丝般感受”，将巧克力的口感用丝滑的触感进行比喻，让用户自然而然地产生对巧克力口味的美好想象。方位隐喻是借助方位词语表达其他概念的隐喻类型，通过将空间维度和抽象概念相结合，利用方位把概念明确化，如“天天向上”的“上”即一种方位隐喻。物质隐喻又称本体隐喻，是将行为、事件、感觉、观念、状态

等抽象、无形的概念看作具体、有形的能分割的物体或物质概念，如康师傅的广告“好吃看得见”即将抽象的“好吃”用物质化的形式进行展示，让用户能自然地产生联想，进而对康师傅的味道产生更直观的感受。

4. 使用面对面交流语言，提高用户参与感

新媒体传播技术为受众赋权，加强了信息传播者和接收者之间互动的频率，因此营销推广中，必须考虑文案接收者的参与感和互动性。在写作文案时，可以假设用户就坐在对面，再进行面对面的交流。既然是面对面交流，语言表达必然是简单直接的，甚至偏向口语化，这样写出来的营销文案才会更真实，更有画面感。

实际上，在进行营销推广文案创作时，很少使用书面语和华丽的辞藻，反而是简单生动的文案能让用户从中感受到产品的性格和情感，往往越简单、越朴实的文案，越容易打动用户。

最后，在营销推广文案的内容呈现上，一个完整的文案可以包含以下十大要素：标题、副标题、图片、图片说明、文案、段落标题、商标、价格、反馈方式和整体设计。

标题：获取用户注意力，吸引用户去看副标题。

副标题：给用户更多信息，对前面吸引用户的标题做进一步解释。

图片：吸引用户注意力，更形象直观地说明农产品，同时在移动化传播的环境下还能起到视觉暂缓的作用，让用户不用在手机端狭小的屏幕里阅读密密麻麻的文字。

图片说明：图片的说明文字，辅助进行信息传递。

文案：主体部分，传达农产品或活动的主要信息。通常第一句话是重中之重，如“减肥并不容易，这一定会发生。”第一句话吸引注意力之后，才会引人继续阅读。

段落标题：当需要将文案分成几部分时，起到分割作用的段落标题能够减少压迫感，更适宜当前碎片化传播环境。

商标：进行农产品展示的品牌名称，有权威认证的知名品牌可以做重点展示。

价格：让用户知道购买农产品或参与相关活动需要的价格，一般用阿拉伯数字做突出呈现。

反馈方式：给用户提供一种反馈途径，更好地了解用户需求，通常放在结尾的部分。

整体设计：其他设计元素，呈现出营销推广文案的整体面貌。

这些元素并不需要全部在文案中进行体现，写作者可以根据农产品特性或者活动特色进行适当筛选，只要最后能够吸引用户注意，实现用户转换就是好的文案。

最后要注意的是，新媒体环境下进行电商文案写作，一定要利用好数据分析。这是一个大数据定义商业的时代，用户关注度、点击率、停留时长、好评率等数据都能帮文案写作者建构一个更加立体、清晰的用户画像，通过对相关数据进行分析和优化，才能从更高的角度审视整个文案是否有可行性，才能发现数据中是否有不足之处，从而尽快补充完善，更好实现理想当中应该达到的营销推广效果。

6.2 图片收集和处理技能

在电商运营中，优质的图片是吸引消费者的重要因素。掌握图片收集和处理技能，可以帮助提高电商平台的品牌形象和销售业绩。

6.2.1 图片收集方法

在电商运营中，收集优质的商品图片非常重要，因为这能够吸引消费者的注意力，提高他们的购买欲望。常用图片收集方法有如下几种：

① 从供应商处获取图片：这是最常用的方法之一。当与供应商合作时，他们通常会提供商品的高清晰度图片，这些图片可以直接用于商品展示。

② 自己拍照：如果没有与供应商合作，或者想要提供自己的独特角度和风格，可以自己拍照。这需要一些基本的摄影知识和技巧，如光线、背景和构图等。

③ 从社交媒体获取：很多消费者在社交媒体上分享他们购买的商品图片，这些图片可以作为灵感来源。可以通过社交媒体的搜索功能或使用特定的hashtag来寻找与商品相关的图片。

④ 在线图片库：有很多免费或付费的在线图片库，可以在这些库中搜索到高质量的图片，如Unsplash、Pexels和Getty Images等。

⑤ 雇佣摄影师：如果需要更专业的图片或者需要更大的品牌识别度，可以雇佣摄影师来为你拍照。这需要一定的预算和计划，但它能够提供更好的品牌体验。

6.2.2 图片处理工具

在电商运营中，除了收集优质的商品图片外，还需要对这些图片进行处理和优化，以确保它们在网站或应用程序上的质量和速度。常用图片处理工具有如下几种：

① Adobe Photoshop：Adobe Photoshop是一款专业的图像处理软件，适用于设计师和摄影师。它提供了丰富的图像编辑和修饰工具，包括调整颜色、裁剪、去除红眼、修复缺陷等。使用Photoshop可以创建和编辑高质量的图像，如海报、广告、网站设计、摄影作品等。

② Canva：这是一款功能强大、易于使用的图形设计工具，它可以帮助创建和编辑各种类型的图像，包括电商运营中所需的商品图片、社交媒体图片等。

③ GIMP：GIMP是一款免费的开源图像处理软件，适用于个人和小型团队。它提供了丰富的图像编辑工具，如调整颜色、裁剪、去除红眼、修复缺陷、添加文本等。GIMP的优势在于免费、跨平台、可自定义插件，但是功能相对较简单。

④ TinyPNG：这是一个在线图片压缩工具，它可以将PNG和JPEG格式的图像进行压缩，减少文件大小并提高加载速度，同时保持高质量。

⑤ Kraken.io：这是另一个在线图像优化工具，可以自动优化PNG、JPEG和GIF格式的图像，从而减少文件大小并提高加载速度。

⑥ ImageOptim：这是一款免费的Mac应用程序，可以自动优化JPEG、PNG和GIF格式的图像，同时减少文件大小并提高加载速度。

⑦ Adobe Lightroom：是一款专业的照片处理和管理软件，适用于摄影师和设计师。它提供了丰富的调整工具，包括颜色、曝光、对比度、噪声、清晰度等。使用Lightroom可以方便地对照片进行管理、处理和分享。但是，Lightroom的功能相对较为单一，主要针对照片处理和管理。

⑧ Paint.net：这是一款免费的图像编辑软件，适用于个人和小型团队。它提供了基本的图像编辑工具，如调整颜色、裁剪、去除红眼、添加文本等。Paint.net的优势在于免费、

易于学习和使用，但是功能相对较简单。

在图片处理时，可以根据自己的需求和技能水平、工具的功能、价格和易用性等因素选择最合适的工具。例如，如果需要进行复杂的图像编辑，可以选择Adobe Photoshop或GIMP；如果需要快速创建和编辑图像，可以选择Canva；如果需要压缩和优化图片，可以选择TinyPNG、Kraken.io或ImageOptim等工具。

6.2.3 图片处理方法

不同的图片处理软件具有的图片处理方法也会有所不同。常见的图片处理方法有以下几类：

① 裁剪：通过裁剪图片，可以将不必要的部分去掉，从而使图片更加专注和吸引人。同时，裁剪可以使图片适合于不同的平台和场景，如社交媒体、网站和应用程序等。

② 调整大小：通过调整图片大小，可以使图片适合不同的平台和设备，从而提高图片的显示效果和加载速度。同时，调整大小可以使图片更加专注和吸引人。

③ 调整色彩和对比度：通过调整图片的色彩和对比度，可以使图片更加清晰、生动和专业。同时，这也可以使图片更加适合于不同的平台和场景。

④ 压缩：通过压缩图片，可以减小图片的文件大小，从而提高图片的加载速度。同时，压缩可以保持图片的高质量，并使其更适合于不同的平台和设备。

⑤ 加水印：通过添加水印，可以保护图片的版权和品牌，并使其更具识别性。同时，水印也可以使图片更加专业和专注。

【课堂讨论】

1．在电商运营中，有哪些图片处理工具可以选择？如何选择最合适的工具？

2．图片处理的方法有哪些？每种方法的效果如何？

3．在进行图片处理时需要注意哪些事项？

在进行图片处理时需要注意以下几点：

① 保留原始文件：在进行图片处理时，应该始终保留原始文件，以防止意外删除或修改导致无法恢复。

② 不要过度处理：在进行图片处理时，应该避免过度处理，以免影响图片的质量和真实性。

③ 根据需要选择处理方法：在进行图片处理时，应该根据自己的需求和技能水平选择最合适的处理方法，并确保处理后的图片符合平台和场景的要求。

④ 不要侵犯版权：在进行图片处理时，应该遵守版权法和道德准则，不要侵犯他人的版权或其他权利。

⑤ 注意图片大小和质量：在进行图片处理时，应该注意图片的大小和质量，并根据需要进行压缩、优化和调整等处理。

6.3 图文排版技能

优秀的图文排版能够提高读者的阅读体验和理解效果，同时也能为品牌形象加分。掌握图文排版技能，可以让文章更具吸引力，更有说服力。

6.3.1 图文排版的工具

当今的图文排版工具种类繁多，常见图文排版工具及其特点如下：

① Adobe InDesign：这是一款专业的排版软件，适用于设计师和印刷出版业的专业人士。它提供了丰富的文本和图像处理工具，包括页面布局、字体、颜色等。使用InDesign可以设计出专业的出版物，如杂志、报纸、书籍、广告等。但是，InDesign的学习曲线较陡峭，需要一定的技术水平。

② Canva：这是一款简单易用的图形设计工具，适用于非设计师。它提供了大量的模板和设计元素，包括背景、图标、文本样式、排版等。Canva可用于制作社交媒体图片、海报、名片、简历等。Canva的优势在于简单易用，且提供了丰富的免费资源。

③ Microsoft Publisher：这是微软公司推出的一款桌面出版软件，适用于Windows用户。它提供了丰富的模板和设计工具，可用于创建商业文档和营销材料，如名片、传单、海报、简历等。Publisher的优点在于易于学习和使用，但是其功能相对较简单。

④ Google Slides：这是一款免费的云端演示文稿软件，适用于团队协作。它提供了多种幻灯片布局、主题、字体和背景选择，可用于创建演示文稿、简报和文档等。Google Slides的优点在于易于使用，可以与团队成员实时协作，但其功能相对较为简单。

⑤ Affinity Publisher：这是一款相对较新的排版软件，适用于设计师。它的功能类似于Adobe InDesign，包括页面布局、字体、颜色和图像处理工具等。Affinity Publisher的优势在于价格相对较低，但功能较为强大。

读者可根据自己的需求和技能水平选择相应的图文排版工具。

6.3.2 图文排版的基础操作

图文排版的基础操作包括对齐、行距、字距、段落格式和图片插入等。

① 对齐：对齐可以将多个元素或文本沿着水平或垂直方向对齐，使页面整体更加美观和整齐。对齐分为左对齐、右对齐、居中对齐和两端对齐。

② 行距：调整行与行之间的距离，使排版更加舒适和易读。行距一般分为单倍行距、1.5倍行距和双倍行距等。

③ 字距：调整字符之间的距离，使文字更加紧凑或者宽松。字距一般分为紧密、标准和宽松等。

④ 段落格式：调整段落的缩进、行距、字体等格式，使文本更加清晰明了。段落格式包括左缩进、右缩进、首行缩进等。

⑤ 图片插入：将图片插入文本中，并进行大小、位置等调整，使排版更加美观。图片插入可以选择文本环绕方式和对齐方式等。

通过运用这些技巧，可以让文本更加易读、美观和清晰。在实际应用中，还可以根据需要灵活运用这些基础操作，创造出更加出色的排版效果。

6.3.3 图文排版的注意事项

图文排版在设计中是一个非常重要的环节，以下是一些注意事项：

① 勿滥用字体：使用过多的字体可能会导致文本混乱不清，影响阅读体验。一般来说，建议使用两种不同的字体进行排版，包括一种用于标题，一种用于正文。

② 控制行距和字距：行距和字距的设置应该合理，过大或过小都会影响文本的阅读体验，建议在不影响文本的清晰度的前提下，根据具体情况进行适当调整。

③ 对齐方式要统一：在同一个页面或文档中，对齐方式应该保持一致，这样可以使整个文本布局更加美观和整洁。

④ 避免图片过多：尽管图片可以增加排版的视觉效果，但是过多的图片会导致页面加载速度过慢，影响用户体验。因此，在选择图片时，应该根据实际需求，尽量避免使用过多的图片。

⑤ 美术设计要合理：对于需要进行美术设计的页面或文档，设计师应该充分考虑排版元素的整体效果，尽量做到色彩搭配合理，布局和谐美观。

以上是图文排版的注意事项，遵循这些原则可以使排版更加规范、美观和易读，提高文本的阅读体验。

6.4 视频收集和处理技能

视频收集与处理是视频制作过程中至关重要的一环。无论是制作企业宣传片、广告片，还是个人创作短视频，都需要收集、整理、编辑和处理视频素材。在视频收集方面，有多种途径可以获取素材，如在线视频网站、电视和电影、直播平台、自制视频等。而在视频处理方面，包括色彩、音频和字幕等处理，只有经过合理处理，才能使视频更加生动、有吸引力。

【课堂讨论】

1. 如何利用视频收集与处理技能创作有创意、高质量的视频作品？
2. 你认为在视频处理过程中，哪个环节是最具挑战性的？如何克服这个挑战？

6.4.1 视频来源

电商运营中的视频来源可以有多种途径，包括但不限于以下几种：

① 自制视频：可以自行拍摄产品的展示视频或者生活场景视频，以此来展示产品的使用情况或者产品的外观等信息。自制视频的优势是可以更加真实地展示产品，吸引潜在买家的注意力。

② 第三方视频库：可以在一些视频素材库中找到适合自己产品的视频素材，从而达到节省时间和成本的目的。一些免费的视频素材库包括Pexels、Pixabay和Coverr等。

③ 直播：可以通过直播的形式展示产品的特点和使用情况，吸引潜在买家的关注，并且可以与观众进行互动。一些直播平台包括淘宝直播、快手直播和拼多多直播等。

④ 合作视频制作公司：可以与一些专业的视频制作公司合作，制作高质量的产品视频。这种方式的优势在于可以获得专业水平的视频制作服务，但是成本相对较高。

商家可以根据自身需求选择合适的视频来源，以此来提高产品的展示效果和吸引力。

6.4.2 视频处理工具

短视频处理工具是用来编辑和处理视频素材的软件，可以用于视频的剪辑、调色、音频处理、字幕添加等功能。常用视频处理工具有以下几种：

① Adobe Premiere Pro：Adobe公司出品的视频处理软件，功能强大，适用于高级视频编辑和制作。可以进行多层次的视频剪辑和合成，同时也提供了调色、音频处理、字幕等丰富的功能。

② Final Cut Pro X：苹果公司出品的视频处理软件，适用于Mac平台。可以进行多层次的视频剪辑和合成，支持4K分辨率的视频处理，同时也提供了音频处理、调色、字幕等功能。

③ Davinci Resolve：黑魔法设计公司出品的视频处理软件，适用于Mac、Windows和Linux平台。功能强大，可以进行高级的视频剪辑、调色、音频处理和特效制作等。

④ iMovie：苹果公司出品的简单易用的视频编辑软件，适用于Mac和iOS平台。可以进行简单的视频剪辑和合成，支持一些基本的调色和音频处理功能。

⑤ Filmora：Wondershare公司出品的视频编辑软件，适用于Mac和Windows平台。界面简单易用，可以进行视频剪辑、调色、音频处理和字幕添加等基本功能。

⑥ 影视剪辑大师/剪映：影视剪辑大师和剪映都是专门为移动端用户打造的视频剪辑软件，可以在手机上进行视频剪辑和制作。其功能丰富，支持多种视频格式，包括高清和4K等。其拥有强大的剪辑、调色、音频处理、字幕添加等功能，可以方便快捷地进行视频制作。

视频处理工具的选择应该根据自身需要来进行，如果需要高级的视频编辑和制作，可以选择Adobe Premiere Pro或者Final Cut Pro X；如果需要简单易用的视频编辑软件，可以选择影视剪辑大师、剪映、iMovie或者Filmora。

6.4.3 视频处理方法

视频处理方法主要包括视频剪辑、调色、音频处理、字幕添加等技术。常用视频处理方法有以下几种：

① 视频剪辑：视频剪辑是将原始素材进行剪裁和拼接，制作成符合需要的视频片段的过程。在视频剪辑过程中，可以进行视频裁剪、合并、分割、速度调整等操作，来实现视频的整合和精细化制作。

② 调色：调色是指调整视频的颜色、对比度、亮度等参数，使得视频看起来更加鲜明、清晰、逼真。常见调色工具有色彩校正、曝光调整、白平衡、色调饱和度等。

③ 音频处理：音频处理是指调整视频中的音频，包括去除杂音、音量调整、背景音乐添加等操作。可以通过音频编辑器进行音频剪辑、混音、音频特效等处理。

④ 字幕添加：字幕是指在视频中添加文字，可以增强视频的表现力，让观众更好地理解视频内容。字幕的添加可以通过视频编辑软件或字幕编辑器实现，可以进行字幕的样式、字体、位置、颜色等调整。

视频处理方法应该根据需要进行选择。如果需要进行高级视频制作，需要掌握视频剪辑、调色、音频处理等技术；如果只是进行简单的视频制作，可以学习视频剪辑和字幕添加等基础技术。

思政园地

新媒体内容审核规则

1. 基本的语言规范

- 标题、正文中是否含有错别字、不完整、多字或者语句不通顺的情况。
- 是否使用特殊符号和信息模糊的表情包。
- 是否在文章内容中含有外文、繁体字等不利于读者阅读的信息。

以上部分大多由文案创作者自查，相关电商平台很少进行主动纠错，文案创作者需要自行负责信息发布出去后带来的负面影响。

以下部分为硬性审查要求，创作者必须在相应规则内进行创作，才能保证信息能够正常在各大平台进行发布。

2. 内容含特殊、敏感信息

- 标题、内容中含有歧视倾向、暴力倾向、不健康色彩的词语或句子。
- 冒用平台或其他社会机构名义，进行虚假宣传，如“淘宝官方认证”等。
- 标题、内容中涉嫌不雅、恶俗、低质、低俗图文信息。

3. 内容包含推广信息

当文案推广主要在特定平台内进行，内容中含有其他平台信息：相关链接、二维码等可能会被特定平台屏蔽。如淘宝的活动推广，文案创作中使用小红书的链接或者微信ID，该文案可能会被淘宝官方删除、屏蔽。

4. 广告内容不当

文案进行广告推广时，使用了《广告法》中的违禁词语。

【普法链接】

新广告法于2023年9月1日正式实施，新修订的《广告法》与旧版相比，修改幅度较大，涉及面广，对原来的很多内容和规定进行了扩充和细化，对涉及保健食品、农作物种子等类别产品的宣传做了详细规定。

涉及农产品营销推广，要注意以下几点：

1. 严禁使用极限用语

（1）严禁使用国家级、世界级、最高级词汇，如第一、首个、首选、顶级、国家级产品、填补国内空白、独家、首家、最新科学、最新技术、最先进加工工艺、第一品牌、全网销量第一、全球首发、全国首家、全网首发、世界领先、顶级、销量冠军、第一（NO1\Top1）等。

（2）严禁使用唯一、100%、独家、领袖品牌、独一无二、绝无仅有、史无前例、万能等含义相同或近似的绝对化用语。

（3）严禁使用国际品质、极致、巨星、著名、永久、王牌、掌门人、金牌、名牌、优秀等虚假或无法判断真伪的夸张性表述词语。

2. 违禁时限用语

限时须有具体时限，所有团购须标明具体活动日期，严禁使用随时结束、仅此一次、随时涨价、马上降价、最后一波等无法确定时限的词语。

3. 违禁权威性词语

① 严禁使用国家×××领导人推荐、国家××机关推荐、国家××机关专供、特供等借国家、国家机关工作人员名称进行宣传的用语。

② 严禁使用质量免检、无须国家质量检测、免抽检等宣称质量无须检测的用语。

③ 严禁使用人民币图样（央行批准的除外）。

④ 严禁使用老字号、中国驰名商标、特供、专供等词语（唯品会专供除外）。

4. 严禁使用“点击XX”词语

严禁使用疑似欺骗消费者的词语，如“恭喜获奖”“全民免单”“点击有惊喜”“点击获取”“点击试穿”“领取奖品”“非转基因更安全”等文案元素。

5. 严禁使用刺激消费词语

严禁使用激发消费者抢购心理的词语，如“秒杀”“抢爆”“再不抢就没了”“不会再便宜了”“错过就没机会了”“万人疯抢”“抢疯了”等词语。

6. 疑似医疗用语

对普通商品、农产品、食用品等不得使用带有医疗作用或暗示具有医疗作用的词汇，如全面调整人体内分泌平衡、增强或提高免疫力、助眠、滋阴补阳、壮阳、消炎、可促进新陈代谢、减肥、清热解毒、防敏、理气、通脉、利尿、补肾、防癌、祛疤痕、降血压、美容治疗、毛发再生等词汇。

7. 迷信用语

带来好运气，增强第六感、化解小人、增加事业运、招财进宝、健康富贵、提升运气、消除精神压力、调和气压、逢凶化吉、时来运转、万事亨通、旺人、旺财等词语。

【新广告法部分修饰词替换参考】

国家级、世界级、最高级、顶级、顶尖——高级

独一无二、独家、绝无仅有、前无古人——少有

王牌、销量冠军、第一（NO.1\Top1）——领先

顶级、顶尖、泰斗、金标、金牌——先进

领袖品牌、领导品牌——专业品牌

第一、唯一、首个——先进

世界领先——遥遥领先

100%百分百——高

金牌、名牌——品牌

无副作用——低风险

尖端——高端

首选——优选

精确——准确

优秀——先进

终极——先进

永久——长久

万能——全能

零、0——低

完美——好

最——较

农产品电商运营技能要求涵盖了文案写作技能、图片收集和处理技能、图文排版技能以及视频收集和处理技能。这些技能是农产品电商运营中必不可少的，其重要性不仅仅体现在促进农产品销售、推广的层面，更是体现在传承中华优秀传统文化、弘扬社会主义核心价值观、推动乡村振兴等方面。

在文案写作技能方面，农产品电商运营者需要掌握各种文案写作技巧和规范，以吸引目标消费者的注意力，并能够快速、有效地传达产品的卖点。同时，在撰写文案时，也应注重社会责任，尊重消费者的权益，合法合规地进行宣传推广。

在图片收集和处理技能方面，农产品电商运营者需要有丰富的视觉艺术素养和设计感，能够根据不同产品的特点和消费者的喜好，筛选、编辑出符合市场需求的图片，提升产品形象和销售效果。

在图文排版技能方面，农产品电商运营者需要掌握各种排版技巧和规范，能够将图片和文案进行有机结合，提高产品的视觉效果和阅读体验。同时，也需要注重排版的美观性和实用性，使其既能够吸引目标消费者的注意力，又能够清晰、准确地传递产品信息。

在视频收集和处理技能方面，农产品电商运营者需要掌握各种视频制作工具和技巧，能够将产品形象和卖点通过视频的形式进行生动呈现。同时，在视频制作中，也应注重传递产品的品牌形象和社会责任，推广绿色、健康、环保的消费理念，提升产品的社会价值和公信力。

总的来说，农产品电商运营技能要求不仅仅是提高农产品销售和推广的技能，更是培养和弘扬社会主义核心价值观、促进农村发展和乡村振兴的重要手段。因此，农产品电商运营者应当注重提高自身的文化素养和社会责任意识，以便更好地服务于广大农民和消费者，推动农业现代化和乡村振兴进程。

项目实施

任务 6.1　撰写一则详情页文案

通过完成此任务，学生可以了解电商平台的详情页布局和文案要求，培养编写吸引人的、符合商品特点的文案能力，提高商品的销售力。

步骤1： 需要对商品进行充分的了解和研究，包括商品的特点、优点、缺点、功能、适用场景等方面的内容。

步骤2： 根据商品的特点和电商平台的布局，设计合适的标题、副标题、卖点、描述等内容，尽可能地突出商品的卖点，吸引消费者的眼球。

步骤3： 在撰写文案时，要注意使用生动、具体、简洁的语言，同时要注意避免用词歧义、错别字等问题，保证文案的专业性和可读性。

步骤4： 需要对文案进行多次修改和优化，确保文案能够最大限度地吸引消费者的注意力，并促进商品的销售。

任务 6.2　制作一张特色农产品节海报

通过完成此任务，学生可以了解海报设计的基本原则和技巧，培养设计独特、吸引人的海报能力，提高产品的宣传力。

步骤1： 需要对农产品节的主题、时间、地点、宣传口号等方面的内容进行了解和研究，了解宣传的重点和目标。

步骤2： 根据农产品节的主题和定位，设计出适合的海报样式、配色方案和版面布局，选择适合的图片和图表素材。

步骤3： 在设计海报的过程中，要注意海报的整体风格和主题一致，采用简洁明了的设计语言，突出重点信息和卖点，引起观众的关注。

步骤4： 在海报制作完成后，需要进行多次修改和调整，以确保海报的视觉效果和传达信息的准确性。

步骤5： 将制作好的海报进行输出，适当地发布和宣传，提高农产品节的知名度和影响力。

任务 6.3　制作一条产品卖点视频

完成此任务，可以培养学生的视频制作技能和产品推广能力。通过制作短视频来展示产品的特点和卖点，吸引潜在客户关注和购买。

步骤1： 明确产品的特点和卖点，选定合适的拍摄场景和角度。

步骤2： 拍摄视频素材，注意画面稳定、光线充足、声音清晰等问题。

步骤3： 对拍摄素材进行剪辑和编辑，添加合适的音乐、字幕等元素。

步骤4： 制作出符合品牌风格和产品特点的短视频。

步骤5： 在适当的平台发布并宣传该视频，吸引目标受众的关注和购买。

项目小结

随着农村电商的兴起和消费市场的变化，农产品电商运营技能日益成为电商从业者所必备的技能之一。本项目旨在通过对文案写作、图片收集和处理、图文排版和视频收集和处理等技能的培训，为学生提供从事农产品电商运营所需的基本技能和知识。

在文案写作技能方面，学生需要掌握撰写各类文案的基本要素和技巧，包括如何突出产品卖点、如何吸引目标客户等。在图片收集和处理技能方面，学生需要学习如何寻找高质量的图片素材，如何进行图片编辑和优化等。在图文排版技能方面，学生需要掌握各类排版软件的基本操作和排版原则，以便制作符合品牌形象和产品特点的文案和海报等。在视频收集和处理技能方面，学生需要学习如何选取合适的拍摄场景和角度、如何剪辑和编辑视频素材等。

通过本项目的学习，学生将具备熟练掌握以上技能的能力，并能在农产品电商运营中灵活应用。这将有助于提高电商从业者的综合能力和竞争力，促进农产品电商的健康发展。

拓展知识

随着电商的快速发展，人们对于产品营销和推广的需求越来越高，而农产品电商运营则是其中一个快速崛起的领域。除了文案写作技能、图片收集和处理技能、图文排版技能、视频收集和处理技能等基本技能之外，以下是一些相关知识，可以帮助农产品电商从业人员更好地进行运营。

SEO优化：SEO优化是指通过技术手段和内容策略等方式，提高网站在搜索引擎上的排名，以吸引更多的访问者和购买者。农产品电商运营人员可以通过针对性的关键词优化、网站结构优化、页面质量优化等方式提高网站的搜索引擎排名，进而提高销售量。

社交媒体运营：随着社交媒体的不断发展，它已成为推广产品和增加品牌曝光的重要渠道之一。农产品电商运营人员可以通过制作有趣的短视频、发布图片等方式在社交媒体上进行营销，吸引更多的用户关注和购买。

数据分析：通过对网站流量、用户行为、销售数据等数据进行分析，可以帮助农产品电商从业人员更好地了解用户需求、优化产品策略，提高销售量和用户满意度。

品牌营销：品牌是消费者购买产品的重要考虑因素之一。因此，农产品电商运营人员需要注重品牌建设和品牌推广。可以通过制作品牌宣传视频、发布品牌故事等方式增强品牌影响力，提高用户对品牌的认知和信任度。

客户服务：良好的客户服务可以帮助农产品电商赢得用户的忠诚度和口碑。因此，农产品电商运营人员需要重视客户服务，并建立一套完善的售后服务体系，及时解决用户的问题和反馈。

农产品电商运营需要综合运用多种技能和知识，才能更好地进行推广和销售。除了文案写作技能、图片收集和处理技能、图文排版技能、视频收集和处理技能等基础技能，SEO优化、社交媒体运营、数据分析、品牌营销和客户服务等拓展知识也非常重要。只有不断地学习和掌握新的技能才能在电商运营的前沿拥有更多的机会。

知识巩固

一、单选题

1. 在电商运营中，以下（　　）技能不属于基础技能。

A. 文案写作技能　　　　B. 图片收集和处理技能

C. 图文排版技能　　D. 音频处理技能

2. 在图片处理工具中，以下（　　）工具主要用于图片的矢量化处理。

A. Photoshop　　B. Illustrator　　C. GIMP　　D. Inkscape

3. 在图文排版中，以下（　　）操作可以将多个文本框的内容对齐。

A. 合并文本框　　B. 分割文本框

C. 对齐文本框　　D. 调整文本框大小

4. 在视频处理中，以下（　　）操作可以将视频加速播放。

A. 裁剪视频　　B. 倒放视频　　C. 旋转视频　　D. 加速视频

5. 在视频收集中，以下（　　）方式可以避免版权问题。

A. 在视频中添加水印　　B. 使用短视频剪辑工具

C. 搜索公开授权视频素材库　　D. 随意下载视频

二、填空题

1. 文案写作中，要注意突出产品的________和卖点。
2. 图片处理中，调整图片的________可以改变其明暗程度。
3. 图文排版中，要注意________的搭配，使其更加美观。
4. 视频处理中，________是指剪辑视频时控制画面时间长度的方式。
5. 在制作产品卖点视频时，要注意________的呈现方式，使其更加生动有趣。

三、简答题

1. 简述主图文案中提炼信息的方式。
2. 结合实际案例分析FAB法则在工艺和加工制作优势呈现方面的运用。
3. 简述图片处理技术在农产品电商运营中的应用场景和作用。
4. 简述图文排版的注意事项。

拓展任务

假设你正在担任某农产品电商平台的运营人员，现在需要为该平台上的某一款农产品进行一次宣传推广活动。请你根据所学技能，制作一份完整的宣传方案，包括以下内容：

1. 农产品介绍文案（不少于200字），重点突出该产品的特色和优势。
2. 产品海报设计，包括产品图片、标题、产品卖点和平台标识等要素。
3. 产品卖点视频制作，时长不少于30 s，内容要紧扣产品特点和卖点。

完成该任务后，请在班级内分享你的作品，与同学们交流、互相评价和提出建议，进一步提升你的实际操作能力和创意思维。

笔记栏

项目评测

学习成果达成与测评

<table>
<tr><td>学号</td><td></td><td>姓名</td><td></td><td>项目序号</td><td></td><td>项目名称</td><td>农产品电商运营技能要求</td><td>学时</td><td>12</td><td>学分</td><td>0.3</td></tr>
<tr><td>职业技能等级</td><td colspan="2">中级</td><td colspan="3">职业能力</td><td colspan="4"></td><td>子任务数</td><td>3个</td></tr>
<tr><td>序号</td><td colspan="3">评价内容</td><td colspan="7">评价标准</td><td>分数</td></tr>
<tr><td>1</td><td colspan="3">文案撰写</td><td colspan="7">能独立完成主页文案、详情页文案、推广文案的撰写</td><td></td></tr>
<tr><td>2</td><td colspan="3">图片处理与排版</td><td colspan="7">能够完成图片的收集、处理与排版</td><td></td></tr>
<tr><td>3</td><td colspan="3">视频收集与处理</td><td colspan="7">能够完成视频素材的收集和剪辑处理</td><td></td></tr>
<tr><td rowspan="2">考核评价</td><td colspan="10">项目整体分数（每项评价内容分值为1分）</td><td></td></tr>
<tr><td colspan="11">指导教师评语</td></tr>
<tr><td>备注</td><td colspan="11">奖励：
1. 按照完成质量给予1～10分奖励，额外加分不超过5分。
2. 每超额完成1个任务，额外加分3分。
3. 巩固提升任务完成优秀，额外加分2分。
惩罚：
1. 完成任务超过规定时间扣2分。
2. 完成任务有缺项每项扣2分。
3. 任务实施报告编写歪曲事实，个人杜撰或有抄袭内容不予评分。</td></tr>
</table>

学习成果实施报告书

<table>
<tr><td>题目</td><td colspan="5"></td></tr>
<tr><td>班级</td><td></td><td>姓名</td><td></td><td>学号</td><td></td></tr>
<tr><td colspan="6">任务实施报告</td></tr>
<tr><td colspan="6">简述本工作任务学习过程中完成的各项任务，描述任务规划以及实施过程，遇到的重点、难点以及解决过程，总结文字、图片、视频的处理技巧和注意事项等，字数要求不低于800。</td></tr>
<tr><td colspan="6">考核评价（按10分制）</td></tr>
<tr><td colspan="3" rowspan="2">教师评语：</td><td>态度分数</td><td colspan="2"></td></tr>
<tr><td>工作量分数</td><td colspan="2"></td></tr>
<tr><td colspan="6">考评规则</td></tr>
<tr><td colspan="6">工作量考核标准：
1. 任务完成及时。
2. 操作规范。
3. 实施报告书内容真实可靠，条理清晰，文本流畅，逻辑性强。
4. 没有完成工作量，扣1分，故意抄袭实施报告扣5分。</td></tr>
</table>

项目7 农产品短视频营销实战

学习目标

【知识目标】

◎ 熟悉短视频营销的优势；

◎ 掌握短视频的拍摄与制作方法；

◎ 掌握农产品短视频营销推广的策略；

◎ 熟悉农产品数据监测和分析的内容。

【能力目标】

◎ 能够撰写农产品短视频选题策划；

◎ 能够撰写农产品短视频脚本；

◎ 能够生产并发布农产品短视频。

【素质目标】

◎ 能够树立创新意识、培养创新精神；

◎ 能够和团队成员团结协作，共同完成实训任务；

◎ 能够具备数据思维和利用数据发现问题的能力。

项目概述

【情境描述】

×××在网上看到了很多“张同学.”走红的视频，从中了解了东北的风土人情。×××也萌生了通过短视频向外界介绍自己家乡美食、美景的想法，于是他观看大量新农人的短视频，决心系统地学习农产品短视频的生产制作与推广，也为家乡振兴贡献力量。

【场景案例】

“张同学.”视频爆红背后的流量密码

抖音博主“张同学.”，是一个东北农村小伙，他通过拍摄流水账式的农村日常实现两个多月涨粉破千万，单个视频播放量过亿。

有网友分析说，张同学之所以火，是因为他用专业的拍摄技巧展现最朴素的农民生活，有人指出张同学的一个视频中有接近200个分镜头。

然而在短视频创作技巧之外，“央视网评”微信公众号文章《大家都在刷“张同学”，到底刷的是什么？》认为，“张同学.”的视频击中了人们对乡村“烟火气”、对农村现状关注的心理。

不过，张同学在接受澎湃新闻采访时提到，自己的短视频之所以“取材家乡，展现乡土人情”，是因为做短视频的初心在于助农。他说，每到夏秋，看到道路两旁的村民都在卖豆角、土豆、山上的蘑菇和其他一些农产品，他就有了通过创作短视频带动销售家乡农产品的想法。

目前，“张同学.”抖音粉丝有1 800多万，2022年张同学首场带货销售额为342万元，卖出农产品9.1万单，而乡村振兴需要更多“张同学.”。图7-1所示为“张同学.”抖音账号截图。

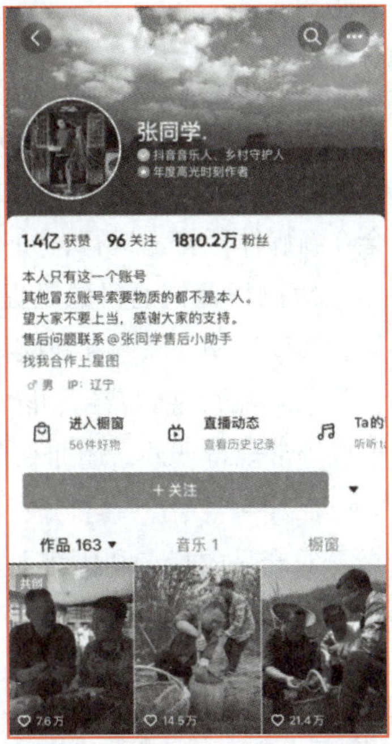

图7-1　“张同学.”抖音账号截图

思维导图

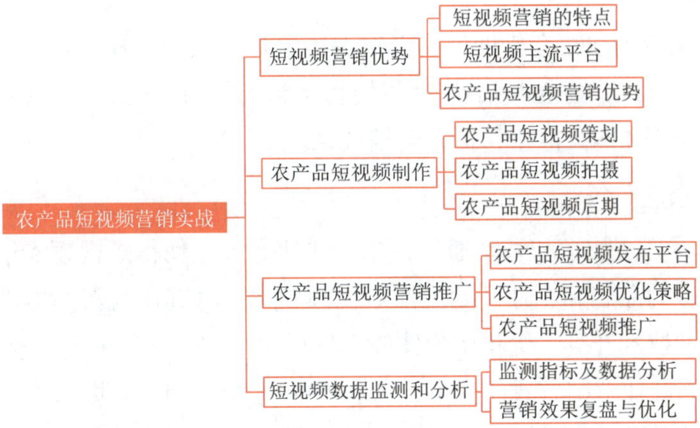

知识准备

7.1　短视频营销优势

近年来，短视频已经成为国民级应用，用户数量庞大，营销玩法层出不穷，这也使得短视频营销的价值更为凸显，逐渐成为农产品营销的主要阵地。如今，从地方政府到广大农产品商家，都在积极布局短视频营销战略，增加产品曝光率和销售量、提升品牌知名度和美誉度、推动农业结构调整和品质提升。

7.1.1 短视频营销的特点

短视频营销是随着短视频兴起的新兴营销模式，属于内容营销的一种，即通过制作生动、有趣、富有表现力的短视频内容，将品牌、产品或服务信息融入视频中，以此吸引潜在顾客的关注，并将其转化为实际购买行为和分享传播的一种营销策略。短视频营销通常会在新媒体平台上进行，如抖音、快手、微博等。

短视频营销的目的是提高品牌知名度、影响力和市场份额，促进销售业绩的稳步增长。如今移动互联网和新媒体技术的快速普及，短视频已经成为重要的营销工具。

农产品短视频营销，除了具备短视频营销的短小精悍、互动性强、社会黏性强、精准定位等常规特点外，还拥有自身属性的独特性。

1. 特点突出，更接地气

农产品的特点和优势主要在于农产品自身的味道、口感、外观、质地等，而借用短视频营销可以通过运用声音、声效、画面、文字等多种元素来强化突出这些特点和优势，内容更接地气，更有草根特色，也更容易吸引顾客的关注。

2. 内容丰富，附加值高

农产品开展短视频营销更容易通过拓展附加值高的信息，达到“润物细无声”的效果。例如，在短视频营销中不仅可以展示产品本身的特点和品质，还可以结合农业知识、科技成果、生态环境等附加值的信息，来增强认知度和专业度。

3. 草根特色，情感共鸣

农产品短视频营销往往会借助消费者对农民淳朴、农村质朴、农业古朴的印象，利用情感化、故事化的方式，建立与消费者的感性连接，进而产生共鸣和认同感，激发消费者对产品或品牌的信任和购买欲望，提升营销效果。

7.1.2 短视频主流平台

大数据技术、算法技术和移动通信技术的快速发展，使得短视频App成为当前最主流的应用。越来越多的品牌和企业开始关注短视频领域，将其作为新的推广渠道。而短视频平台自身也在通过技术升级，优化用户体验，发展出了“短视频+直播电商”的全新模式，推动着整个互联网商业营销方式的变革，为农产品电商的发展提供了较大的便利。

尽管像传统电商平台如淘宝、京东、拼多多等也提供短视频推广服务，但这些视频通常往往是介绍产品的一种手段。相形之下，抖音、快手、微博、小红书等更加重视短视频的创意和用户体验，这些平台提供了更多便于操作的短视频制作工具和互动功能，是当前最热门和主流的短视频营销平台。

7.1.3 农产品短视频营销优势

1. 传播效果突出

短视频以短小精悍、内容简洁明了著称，而农产品短视频通过选用视觉冲击力强的画面，极易引起用户共鸣和关注，传播效果突出，如提升品牌知名度、增加产品曝光率，创建新农人IP等。

2. 社交属性强

农产品开展短视频营销的一大优势在于受众基础广泛。短视频作为一种移动传播端的轻量级媒介，具有良好的社交属性，方便用户进行分享、转发和评论，极易形成用户口碑和UGC效应，优秀的短视频更容易获得分享、引起效仿。

3. 受众基础广

中国互联网络信息中心（CNNIC）发布的第53次《中国互联网络发展状况统计报告》显示，截至2023年12月，我国短视频用户规模达到10.74亿人，用户使用率高达98.3%，受众基础广泛，涵盖了不同类型有利于满足企业的多元化营销需求。

4. 低成本高回报

与传统电视广告和网络广告营销相比，短视频营销成本较低。目前短视频制作门槛低，制作周期短，可视化的数据，如点赞、评论、播放、转发等更是让营销人员能够根据实际情况及时调整营销策略，优化短视频内容，最终达到理想的营销效果。

7.2 农产品短视频制作

在农产品电商领域，短视频是重要的宣传推广手段，不仅有利于增加消费者对产品的认知和信任度，还有利于吸引潜在客户的注意力，并促进消费者购买农产品，提高销售额和市场份额。因此，掌握短视频内容创作已经成为农产品电商运营的基本要求。短视频制作一般分为短视频策划、短视频拍摄和短视频后期三个过程。

7.2.1 农产品短视频策划

在正式拍摄农产品短视频之前，要先定位目标群体，确定要面向的受众群体，才能在视频内容创作中满足受众未被满足的需求。比如普通消费者、批发商、加工企业等有着不同的需求，因此对短视频内容的消费方向也必然不同。

其次明确短视频制作的传播目的，传播目的一般有企业品牌宣传、产品销售、知识科普等，不同的传播目的将决定着不同的短视频选题方向。

再次，短视频策划最关键的是聚焦短视频选题和短视频脚本策划。

1. 农产品短视频选题

短视频选题就是指在短视频拍摄前，确定所要制作的短视频内容和方向。选题是在明确受众需求和传播目的基础上进行的。

总的来说，农产品短视频选题的内容主要聚焦在农业、农村和农户，根据农产品短视频传播目的，农产品短视频选题的角度见表7-1。

表7-1 短视频选题一览表

传播目的	选题角度
品牌宣传	介绍农产品品牌理念、文化和特色、生态环境、农村风光、典型农人故事等
产品销售	介绍农产品成长和加工过程、农产品特点、采摘方式、农产品营养价值等
知识科普	传播农业科技、现代化经营方式、农业创新、农产品开发、民俗传说等

在实际操作中，可以利用九宫格创意发散思维，开展强化训练。具体的操作要点是，首先明确要创作的主题，可以是品牌或产品名称，写在九宫格的正中间处。其次，将与主题任意相关的联想填充到其他表格中，填写的顺序可以有逻辑顺序，也可以纯粹依据直觉进行发散。再次，根据发散的内容，结合自身的传播目的、创作能力和创作条件进行创作。最后，综合评估后确定选题。

例如，想要以“枸杞”这个产品为创作主题，进行九宫格发散思维，见表7-2。

表7-2　九宫格创意示例

加工条件	枸杞产业园	食用价值《本草纲目》
枸杞糖、枸杞酒	枸杞	色泽鲜艳，个头饱满
糖酒会、品牌	《山海情》脱贫致富	食用方法

为此，运营人员在众多创意主题中，进一步挖掘和分析短视频展示的元素，撰写短视频内容策划，见表7-3。

表7-3　短视频内容策划示例

主题	内容要点	内容说明	展现形式
宁夏枸杞介绍	独特的地理生长环境	介绍枸杞生长环境的独特性，从而彰显枸杞的特质	地理环境拍摄+旁白解说
	宁夏枸杞的特质	从枸杞的外形、果肉、试吃的味道、食用方法等全面介绍	枸杞特写展示+解说（人物出镜）
	宁夏枸杞的山海情缘	结合热播电视剧《山海情》，介绍宁夏枸杞	混剪电视镜头+园区枸杞+枸杞包装
	…	…	…

【课堂讨论】

1．你的家乡有哪些特色农产品？选择其中一个，至少构思3个短视频选题。

2．选择其中一个选题，模仿表7-3，撰写短视频内容策划。

2．农产品短视频脚本

短视频脚本是指在短视频制作过程中，对于画面、音效和文案元素进行规划和安排的文稿，一般包括镜号、场景、镜头、时长、配乐、画面、文字说明等。

它是指导拍摄的基础，需要仔细策划脚本，才能确保拍摄过程符合预期，同时，短视频脚本还是短视频后期工作中重要的剪辑处理依据，见表7-4。

表7-4　短视频脚本创作示例

镜号	镜头	场景	时长/s	画面	配乐	文字说明
1	全景：俯瞰镜头	户外：枸杞种植园	5	枸杞生态园区	温馨舒缓的音乐	旁白：枸杞是中国传统名贵药材和滋补佳品，而宁夏是中国最优秀的枸杞产地之一
2	中景	户外：枸杞种植园	3	一位农民正采摘新鲜枸杞	轻快快乐的音乐	旁白：这里拥有得天独厚的自然环境和气候条件，让每一颗枸杞都粒粒皆辛苦

续表

镜 号	镜 头	场 景	时长/s	画 面	配 乐	文字说明
3	近景：追焦镜头	户外：农田	3	农民采摘	快节奏活泼的音乐	旁白：每颗枸杞都养分丰富
4	特写	室内：厨房	4	枸杞美食制作	清新明快的音乐	旁白：当这些新鲜的枸杞被加入烹饪中，会带来无限美妙的口感和营养
5	特写	炉火、炖锅	3	枸杞炖鸡	清新明快的音乐	—
6	中景	食用	3	年轻女士品尝枸杞炖鸡	清新明快的音乐	“真鲜啊”
7	全景	食用	3	家人一同品尝枸杞炖鸡	温馨的音乐	—

7.2.2 农产品短视频拍摄

在正式开始农产品短视频拍摄前，首先需要对拍摄设备有所了解，其次运用不同的拍摄技巧提升短视频的内容呈现质量。

1. 拍摄器材

（1）手机

目前智能手机的功能非常强大，基本可以满足农产品电商的日常拍摄需求。

曾经应用在相机上的防抖功能，如今已是智能手机的标配。手机不仅便携，而且可以通过随手拍随手发，极具真实性，既易于传播和分享，能够增加产品曝光率，又有利于增加消费者的信任度。手机，非常适合不追求拍摄技术，刚刚进入短视频营销领域的人们操作使用。

（2）单反相机

如果资金充足、短视频创作人员又具有专业的拍摄知识，可以选用单反相机作为短视频的拍摄装备。

单反相机拍摄出的视频画质更加清晰、细腻，能有效展现农产品的细节和特点，提高观众的视觉体验。另外，单反相机往往配备较好的闪光灯、反光板等器材，可以更好地控制光线，保证视频画面亮度和色彩的正确性。随着用户对短视频质量的要求越来越高，通过使用单反相机拍摄视频，可以提升短视频创作者的专业度，提高观众的视觉体验，进而在市场竞争中占据一席之地。

（3）无人机

无人机摄影已经是比较成熟的拍摄手法，广泛应用于影视剧创作中。

无人机的俯瞰视角，能够全面地展现农产品生产、种植、养殖等整个过程，呈现更具层次的画面效果，营造出更为震撼的视觉冲击力；利用无人机拍摄，还可以突破手机和相机的缺陷，覆盖相对较大的农业区域，展示高空环境，极大地扩展了观众的视角；无人机可以搭载高清拍摄设备，无人机配备了高精度固定翼或六轴飞控行驶线路和高精度GPS悬停技术，使得图像和视频素材画面质量高、画面平稳；除此之外，无人机还可以编程，能通过编程实现不同的拍摄模式和特效，给农产品短视频制作带来更多的创意和趣味性。

因此，当创作者想要展示气势恢宏或规模较大的农业场景时，可以采用无人机拍摄；想要展示拍摄场地的生态环境多样性时，也可以利用无人机对河流、湖泊、园林等拍摄；想要对外展示农业的实时数据，如农作物的成长状况，也可以采用无人机拍摄。但是，无人机拍摄也有一定的劣势，比如成本较高，有一定的安全隐患，还需要注意所在区域的起飞、降落是否受到禁飞管制。图7-2所示为无人机。

图7-2 无人机

（4）摄像机

摄像机是比较专业的拍摄设备，通常在制作商业宣传片或商业推广时才会利用摄像机。传统的摄像机相对较为笨重，需要携带较多的设备和附件，操作起来也不太方便，又需要一定的技术水平，因此农产品日常拍摄上，一般选用智能手机或单反相机。

2. 稳定设备

稳定设备已成为现代拍摄的必备配件之一。这是出于以下几方面的原因：第一，使用稳定设备可以有效减少拍摄时的晃动和抖动，确保画面更加稳定平滑，提高画面稳定性，让观众更加舒适地观赏视频；第二，拍摄时稳定设备可以使镜头焦距更加稳定，避免模糊或抖动等情况，保证画面清晰、锐利，提高画面质量；第三，使用稳定设备可以使拍摄更加轻松简单，提升操作便利度，降低拍摄难度；第四，用稳定设备可以让拍摄人员更专业化。

目前常用的稳定设备有以下三种。

① 手持云台（见图7-3）。手持云台是一种常见且成熟的稳定装置，可以将其理解为一种相对固定的摆臂，能够根据手部的微小移动，实时调整相机的姿态，使画面更加稳定。

② 稳定器。稳定器是通过机械、电子等方式，对摄像机进行抖动补偿，从而实现更加平稳的画面。稳定器适用于需要移动拍摄的场景，如运动、跟拍。相对于云台来说，稳定器的成本较高。

③ 脚架。脚架是一种用来稳定拍摄设备的支撑架，可以保证拍摄的稳定性，常见的脚架有独脚架和三脚架，其中最为常见的是三脚架，如图7-4所示。

图7-3 手持云台

图7-4 三脚架

7.2.3 农产品短视频后期

在完成了农产品短视频的选题策划和拍摄后，农产品视频的后期剪辑主要包括剪辑、配乐、特效添加、调色、字幕和配音、输出与发布六个环节。

1. 剪辑

剪辑工具的运用是为了对素材进行整理、筛选和剪辑，可以通过分割、剪切、删除、复制等实现对素材的选择、拼接、删除等动作，从而确保短视频的故事情节流畅、生动、有吸引力。

2. 配乐

剪辑工具中的“音频”工具可以为短视频添加音乐、音效，通过选择适合短视频主题和氛围的音乐和音效，有利于增强短视频的感染力和传播效果。例如，实地拍摄的农产品生产场景的短视频可以采用一些欢快的音乐，而保留短视频的自然原声能够增强现场体验感。

在剪辑软件中，还可以根据实际情况对音频进行剪辑、分割、调整音量和速度等方式来完成对短视频的配乐。

3. 特效添加

使用一些视觉特效技术，为短视频增加动态元素和视觉冲击力，如转场、变速、缩放、文字动画等。常见的农产品短视频后期转场特效包括淡入淡出、幻灯片等，这是为了使画面更加自然流畅；一些后期还常用变速特效，通过减慢或者加速视频播放的速度来增强镜头的喜剧感；除此之外，使用放大或缩小的特效，可以起到突出重点，吸引注意力的效果。

4. 调色

调色是指通过调整画面的亮度、饱和度、色温等参数，优化画面质量，使画面更富有层次感和艺术性。建议在调色过程中，应尽可能还原实际拍摄时的场景和色彩，不过度美化；通过调整画面中不同颜色之间的比例和饱和度，使画面色彩更加平衡，避免出现局部过于鲜艳或暗淡无光的情况；还可以事先设置好不同场景和效果的预设参数，以便剪辑时快速应用。

5. 字幕和配音

为短视频添加字幕或者配音，在视觉上和听觉上帮助观众更好地理解和接受短视频内容。一般可以采取智能识别字幕的方式添加字幕，并根据实际的画面情况调整字幕的位置，微调字幕的内容。

6. 输出与发布

文字添加好后，在输出前应预览视频的整体效果，确定无误后，再单击“导出”按钮，输出短视频，最后选择合适的平台发布，如抖音、西瓜、快手、微视频等。

7.3 农产品短视频营销推广

农产品短视频营销推广是当前市场竞争中不可缺少的一部分。只有通过精心制作、精准推广和优质服务，才能将产品有效地展示给潜在客户并促进销售增长。有趣的短视频还可以引发网友关注创造话题，增进与品牌的互动，有利于产品和服务的完善提升。

7.3.1 农产品短视频发布平台

虽然短视频平台都是以短视频内容生产和传播为核心，但是农产品开展短视频营销推广时，应选择合适的发布平台，一般来说平台选择除了要营销目标先行外，还要考虑各个平台的人群画像、平台定位、用户的消费行为习惯、竞争对手的情况以及营销内容的风格。

7.3.2 农产品短视频优化策略

1. 账号定位及分类方向

短视频账号定位，是指通过设置账号名称、头像、简介、封面、确定营销平台、创作领域、创作内容、风格等，逐渐形成具有差异化的个人特色的短视频账号。

（1）平台选择

以抖音、快手为例，随着短视频的普及，虽然用户逐渐趋于雷同，但是平台属性仍然存在本质差异（见表7-5），用户在不同平台上的行为习惯仍不相同。因此需要找到适合入驻的先发平台，提高后期的转化率。

表7-5 不同平台的对比

平台名称	目标用户	用户行为特征	短视频内容特征
抖音	全民级应用，女性用户占比稍高	低门槛、易上手，以娱乐、社交为主，重滤镜特效，偏重展现美好生活	重视优质内容，多以娱乐呈现为主，包括音乐、舞蹈、美食、萌宠等
快手	全民级应用，男女比例比较均衡	低门槛、易上手，偏重展现原生态的日常生活	以“人为核心”，重视用户关系，内容包括美食、情感、家乡、搞笑等，有讲述故事情感的短剧和纪录片等
小红书	年轻女性为主，中高端群体占比较高	对品质、时尚、生活方式等具有追求，消费能力较强	用户UGC内容占比较高，内容涵盖美妆、时尚、旅游、母婴、美食等，注重优质原创内容

（2）账号定位

短视频的账号定位包括类型定位、内容定位、风格定位、人设定位等。定位明确更加有利于内容生产的聚焦，更容易培养用户收看的习惯和忠诚度，后期的转化率也会更高，表7-6所示为农产品短视频定位示例。

表7-6 短视频账号定位一览

定位分类	示　例
类型定位	如娱乐类、教育类、科技类、美食类、生活类、品牌类
内容定位	如人物访谈类、乡村生活剧情类、农业科技应用类、实用技能展示类、特色农业文化推广类、农产品展示类、农产品营销推广类等
风格定位	如是否真人出镜、画面制作有什么特色、人物语言风格特色、人物形象特色、环境特色等
人设定位	IP形象，如朴素的农民形象、农业专家形象、美食达人形象等

（3）账号装修

短视频账号装修可以按照各个平台的注册提示，包括账号名称、账号头像、简介设置、主页封面图等，表7-7提示了农产品短视频账号装修的操作技巧。

表7-7 短视频账号装修操作技巧

账号装修项目	操作技巧
账号名称	账号名要便于用户搜索、记忆与传播，尽量少用生僻字、特殊符号等
账号头像	头像的风格要根据短视频内容决定，形成个人IP与品牌符号。头像图片切忌模糊，要鲜明清晰，能够让用户轻松辨认
个性签名	个人简介要清楚明了，直截了当阐述账号内容传递的价值
主页封面图	封面图可以实现对个性签名的补充，还可以在封面图上说明账号的场景价值，主页封面图需要使用质量高、清晰度高的图片

2. 短视频标题和描述优化

短视频标题要求言简意赅，语言风格朴实直白，避免使用过于生僻或专业的术语。同时标题要明确传达视频的主题和内容，不要过于模糊或抽象。一般来说，常见的农产品短视频标题有以下几种类型。

① 直言式标题。如“快来薅羊毛啦！东北珍珠米来活动了！10斤装大米快冲”。这种标题能让用户一眼看出视频的内容是什么，一些促销折扣的营销短视频常用这类型的标题。

② 励志式标题。如“人生总会遇到挫折，宽心点，没有过不去的坎”。这类标题往往是从自身或者他人的角度出发，带有激励性质的语言，往往能够让人振奋，常见于农村创业故事、经验分享类的视频中。图7-5所示为情感励志式标题。

图7-5 情感励志式标题

③ 制造反差式标题。如“大壮为了吃，放弃了几百万的项目，不了解他的人以为他在喷，了解他的人那都是在喷”，这类标题在剧情类的农产品视频中比较多。

④ 情感认同式标题。如“只要一家人在一起，在哪里过节都是快乐的，有家人陪伴的日子，才是最幸福美好的时光”。这类标题朴实能够引起目标用户的共鸣，常见于生活记录类型的短视频中。

⑤ 提问式标题。如“大家说说2023年下半年种植黑马是什么？”“你们小时候最拿手的手艺是什么？”这类标题通过提问的方式来吸引用户注意，刺激用户点击观看。常用的提问方法有反问、设问、疑问或明知故问等。这类标题常见于一些科普类、技能类的短视频中。图7-6所示为提问式标题。

3. 短视频标签的选取

短视频在标题文案的写作中要注意添加热门标签，这有助于增加短视频的曝光率，提高视频在搜索结果中的排名，吸引相关领域的目标受众，扩大视频的分享和转发范围。如果使用的标签是与当前的热点话题紧密联系的，还能增加视频的话题性和互动性，激发用户产生评论和点赞行为。

选取短视频的标签一般有以下技巧：①查看短视频平台发起的活动，如抖音平台发起的“#新农人计划2023”“#乡村英才计划”；②分析当前的一些热门标签，选择与自己视频相关的热门标签，配合使用，如图7-7所示；③分析视频的内容和主题，选择和视频相关的关键词作为标签；④不要过度添加标签，标签数量太多会让用户感觉杂乱无章，同时也会对视频的搜索排名产生负面影响。

图7-6　提问式标题

图7-7　短视频标题中的热门活动标签

4．短视频封面的设计

封面图是用户选择观看视频的第一步，好的封面图能够抓住用户眼球，增加用户点击率。封面图与视频主题、内容相符合还能够提高视频的搜索排名，增加视频曝光量。在设计短视频封面时要注意，选择能够让用户一眼能够识别视频主题的内容，封面图要使用高质量、清晰度高的图片以提高观看体验。还可以通过增加文字标题、贴纸等多种形式设计封面风格，丰富视频的视觉体验。除了选用静态图片作为封面外，现在短视频平台也支持动态封面图。

5．短视频发布时机

短视频发布时机是指在正确的时间，以相对稳定的频率将内容推送到目标用户面前，增加短视频的曝光量，培养用户的观看习惯。不同平台和不同受众群体观看短视频的时间各不相同。但是短视频营销者可以通过以下几个技巧确定发布时机。

① 选择固定的流量高峰时段发布短视频。开展农产品营销可以选择一个固定的时间段来发布短视频，例如，11:00—13:00、17:00—19:00、20:00—22:00或22:00—00:00。一般来说，以上这几个时间段是用户在线最多的时间段。特别说明的是随着短视频成为全民级应用后，短视频用户在线时长超过2.5小时，培养短视频用户固定的收看习惯变得更为重要。

② 利用第三方数据工具分析。不同的短视频平台都有不同的高峰数据，可以通过观察平台高峰数据进行发布。

③ 周末或节假日。周末和节假日通常是人们放松、娱乐和社交的时间。因此在这段时

间内可以更新多条短视频吸引观众、增加流量。

④ 配合直播时间。一般情况下在直播开始前的1小时内发布短视频，能够有效地为农产品电商直播进行引流。

⑤ 时事热点要快。时事热点的关注度高，但是时效性要求也特别强，因此如果农产品短视频要关联热点营销时，务必考虑热点的时效性。

7.3.3 农产品短视频推广

短视频在经过前期的策划创意、拍摄制作、内容优化后，正式进入推广环节。短视频推广是通过各种方式将短视频内容传播给更多目标受众的活动，旨在提高短视频的曝光率、点击率和转化率等，从而达到品牌宣传或个人营销的传播目的。

短视频推广通常包括以下几种方式。

① 社交媒体推广：通过社交媒体平台，如微信、微博、QQ等，发布短视频，并通过分享、点赞等方式让更多人看到、关注和转发。

② 广告投放推广：通过付费的方式，在各大短视频平台上进行广告投放，选择合适的场景和受众群体，提高短视频的曝光率和转化率。一些短视频平台也推出了许多引流推广的工具如“DOU+”“快手粉条”等。

③ KOL合作推广：与KOL（key opinion leader）合作，让他们在自己的账号上发布要推广的短视频，从而借助KOL的影响力和粉丝基础，提高短视频的曝光率和转化率。

④ SEO优化推广：还可以通过搜索引擎优化技术，提高短视频在各搜索结果中的排名和曝光率，增加短视频的点击和转化量。

【课堂讨论】

1. 假设有一款农特产品的宣传短视频，适合在哪些平台推广？适合选用哪种方式推广呢？

2. 假如有一个农业旅游观光地的宣传短视频，适合在哪些平台推广？适合选用哪种方式推广呢？

7.4 短视频数据监测和分析

对于短视频营销推广来说，开展对短视频数据监测和分析是至关重要的。这是因为，通过分析短视频数据可以了解观众的兴趣、需求和行为习惯，为制定有针对性的短视频营销策略提供方向；其次，通过监测和分析短视频数据还可以评估短视频的表现水平，总结优质短视频内容创作的规律；再次，短视频数据分析可以帮助提升转化率，例如，通过分析短视频的互动数据，可以发现有效的互动方式增进观众的留存和转化；还可以帮助短视频内容创作者优化投放策略，以便获得高投资回报率。

7.4.1 监测指标及数据分析

1. 基础数据

① 观看量：是指短视频在播放平台上的观看次数，通常会对比同期播放量，来总结提高播放量的规律。

② 评论量：评论数量往往能够代表观众对短视频内容的反应和态度，短视频营销不仅要注意评论的数量，还需要注意评论内容的质量和情感倾向。一般来说，一条短视频的评论量大且评论情感取向多是正面的，则表明该视频引起了观众的共鸣。

③ 点赞量：点赞量反映了短视频在观众中的受欢迎程度。大多数短视频平台将点赞量作为重要的评价标准，点赞量越高，平台会将其向更多用户推荐，从而该视频的曝光率更高。

④ 转发量：转发量是指观众在社交媒体平台上将短视频转发给其他人的次数，直接影响着短视频的播放量，如果短视频被大量转发，意味着会吸引更多的流量访问和更大的曝光。转放量足够大的短视频还会在平台上形成话题，引发广泛讨论，进一步增加短视频的聚光灯效应。

⑤ 收藏量：短视频的收藏量指的是观众将短视频添加到个人收藏夹中的次数，它可以反映观众对视频内容的喜爱和价值认可，收藏的视频往往被重复观看和分享的可能性更高，因此短视频的收藏量越大，也意味着短视频的价值越高。

2. 关键指标

① 评论率：评论率=评论量 ÷ 播放量 ×100%。

② 点赞率：点赞率=点赞量 ÷ 播放量 ×100%。

③ 转发率：转发率=转发量 ÷ 播放量 ×100%。

④ 收藏率：收藏率=收藏量 ÷ 播放量 ×100%。

⑤ 完播率：完播率=完整播放次数 ÷ 总播放次数 ×100%。

⑥ 转化率：转化率=有效转化数量 ÷ 总播放次数 ×100%。有效转化数量，可以指关注账号或跳转视频链接购买的数量等。

短视频数据指标监测表见表7-8。

表7-8　短视频数据指标监测表

日期	基础数据指标					关键数据指标						趋势（上升/下降）
	观看量	评论量	点赞量	转发量	收藏量	评论率	点赞率	转发率	收藏率	完播率	转化率	
×月×日												
×月×日												
×月×日												

除此之外，短视频数据分析人员还应该借助飞瓜数据、卡思数据、西瓜指数、新榜指数等工具对主要的短视频平台数据进行分析，掌握和判断当前播放、点赞排名靠前的主播和视频，有助于优化自身的短视频选题策划和制作。

7.4.2　营销效果复盘与优化

短视频营销效果复盘指的是对短视频营销活动进行回顾和总结，分析其成功和失败的原因，并提出改进方案和优化建议。

一般来说，在完成短视频的营销推广后，要对短视频的推广效果进行复盘，分析短视频的播放量、转化率等是否达到了预期效果，并分析成功或失败的原因，从而总结经验和规律，并为接下来的行动提出改进方案和优化建议。

具体来说，可以通过提问的方式完成复盘。

1. 目标回顾

该短视频营销推广要达成的关键目标是什么？

2. 评估效果

可以根据是否达成目标作为分析点，根据短视频的数据细化以下问题：

与预期相比，哪些地方做得好，取得了怎样的结果？哪些地方做得不好，造成了哪些不好的结果？

3. 分析原因

达成或未达成目标的关键因素有哪些？如短视频封面、标题、标签设置、发布时间是否合理？视频内容质量是否过关，满足用户需求？

4. 改进计划

改进计划是为了从复盘过程中总结经验和规律，为下一步的营销推广目标达成提供保障，见表7-9。

表7-9 短视频营销效果复盘与优化

序号	项目名称	监测指标	数据	总结分析	改善方案
1	视频封面/标题/标签/发布时间	播放量		1. 问题汇总 2. 原因分析 3. 经验总结	
2	视频内容点赞量/转发量/收藏量	完播率		1. 问题汇总 2. 原因分析 3. 经验总结	
3	营销目标	转化率		1. 问题汇总 2. 原因分析 3. 经验总结	

思政园地

短视频平台助力乡村振兴

中国人民大学共同富裕研究院研究员赵忠认为，短视频平台促进了知识由相对丰腴的地区向乡村转移和传播，而且行业内领先的机构可以通过短视频平台了解乡村需要什么样的技术、人才和专业知识，推动了产业的升级和新产品开发。

果农界"顶流"陈厚武就是借助短视频平台成为推动知识流动的活案例，他荣获"全国百优农民"称号，是广大果农可以依靠的大树。2019年陈厚武开始接触短视频，每年365天，他能在快手开播500多场，主要讲授果树种植技术。他觉得，让大家学习他的技术体系并且能够致富，是再幸福不过的事情了。

陈厚武说，自己粉丝里有很多是来自边远地区，文化水平都不高，甚至有些粉丝的年龄都很大，粉丝的热情，肩上的责任都成为陈厚武坚持短视频创作和直播的动力。

他的短视频内容没有花里胡哨，都是正契合果农的实际痛点，比如“一个枝条留几个苹果”“开春第一害绿盲蝽防治”“正确疏果的教学”“花后蚜虫暴发怎样防治”……

目前陈厚武的账号“江苏小苹果”在快手和抖音平台上收获了将近百万粉丝。

项目实施

任务 7.1　明确账号定位

步骤 1：以小组为单位，选择一款家乡特色农产品，分析产品特色和目标消费群体特征。

步骤 2：头脑风暴，确定账号定位分类及方向，并填写表 7-10。

表7-10　账号定位分类及方向

定位类别	定位方向
平台选择	
类型定位	
内容定位	
风格定位	
人设定位	

步骤 3：头脑风暴，完成短视频平台账号装修，填写短视频账号装修表，见表 7-11。

表7-11　短视频账号装修表

账号装修项目	账号内容
账号名称	
账号头像	
账号简介	
主页封面图	

任务 7.2　撰写一则农产品短视频分镜头脚本

步骤 1：以小组为单位，自选一则家乡农产品，分析该产品的生产环境、产品特色、产品卖点等。

步骤 2：头脑风暴，构思创作一则时长在 15～30 s 的短视频，撰写短视频选题创意表格，见表 7-12。

表7-12 短视频选题创意表

项目	内容
传播目的	
选题角度	
内容创意	
表现形式	

步骤3：细化以上创意，撰写农产品短视频分镜头脚本，见表7-13。

表7-13 短视频分镜头脚本

镜号	镜头	场景	时长	画面	配乐	文字说明
1						

任务7.3 制作短视频内容创作表

步骤1：以小组为单位，进行短视频制作团队分工，明确成员工作职责和方向。

步骤2：拍摄并进行后期剪辑。

步骤3：短视频制作完成后，进行短视频发布，并撰写短视频内容创作表，见表7-14。

表7-14 短视频内容创作表

创作要素	具体内容
创作主题	
标题文案	
标签选取	
封面选择	
地址定位	
投放时间	
投放平台	

项目小结

根据项目学习要求，学生首先要熟悉短视频营销的特点和优势，进而掌握农产品短视频制作的技能，熟悉农产品短视频选题创意思路，掌握短视频脚本构成要素，在此基础上根据营销目标，进行短视频的发布与推广，最后了解数据的重要作用，并能够对短视频数据进行简单的分析。

在完成了这些知识学习后，学生能够对短视频账号进行比较清晰的定位，并在此基础上，进行短视频的内容策划、生产制作、营销推广与总结复盘。通过实施任务和总结反思，掌握短视频营销的技能。

拓展知识

5W1H 分析法

在短视频营销效果复盘时，还可以利用5W1H分析法，进行深入、系统地挖掘产生问题的根本原因，从而提出可以改进优化的正确对策，见表7-15。

表7-15　5W1H短视频营销效果复盘操作技巧

类　型	5W1H	说　明	对　策
关键目标	What	要达成的营销推广关键目标是什么？该目标是否必要？	取消不必要的目标
原因	Why	为什么设置这个目标？为什么这个目标是可行的？是必需的？	澄清营销推广目标
地点	Where	在什么平台推广发布？必须在那里吗？	资源整合
时间	When	什么时间或时间段推广发布效果最佳？必须在那个时间或时间段吗？	
人员	Who	谁在做推广发布的？为什么必须是他？能用其他人吗？	
方法	How	是如何做短视频营销推广的？这是最好的方法吗？有没有其他推广方法？	找到关键影响因素

知识巩固

一、单选题

1. 某企业计划借助短视频平台宣传“沙棘原汁”，为突出产地独特卖点，宜采取(　　)进行内容策划。

A. 产品原产地内容策划　　B. 访谈类内容策划
C. 解说类内容策划　　D. 故事类内容策划

2. (　　)不属于基础监测数据的范畴。

A. 点赞量　　B. 评论量　　C. 观看量　　D. 完播率

3. (　　)不属于短视频账号装修环节。

A. 账号定位　　B. 账号名拟定
C. 账号简介　　D. 账号头像

4. 想要展示规模较大的葡萄产业园时，可以用(　　)拍摄。

A. 智能手机　　B. 专业摄像机　　C. 单反相机　　D. 无人机

5. 对农产品短视频营销效果分析后发现并未达成营销目标，以下(　　)不属于目标未达成的原因。

A. 短视频内容质量差　　B. 推广投放方式不合适
C. 短视频发布时间不合理　　D. 农产品网站设计不合理

二、填空题

1. 农产品视频的后期剪辑主要包括________、________、特效添加、调色、字幕和配音、输出与发布六个环节。

2. 短视频的账号定位包括类型定位、________、________、人设定位等。

3. ________是用户选择观看视频的第一步。

4. 短视频账号装修可以按照各个平台的注册提示，完整操作主要包括账号名称、________、简介设置、主页封面图等。

5. 短视频在标题文案中添加________，有助于增加短视频的曝光率，提高视频在搜索结果中的排名。

三、简答题

1. 举例说明如何提高农产品短视频营销推广效果。

2. 举例说明如何提高农产品短视频质量。

拓展任务

对小组生产发布的农产品短视频进行数据监测和分析，按照5W1H分析法进行短视频营销效果复盘。并在此复盘基础上，重新创作一则农产品短视频，进行数据对比分析。

笔记栏

项目评测

学习成果达成与测评

<table>
<tr><td>学号</td><td></td><td>姓名</td><td></td><td>项目序号</td><td></td><td>项目名称</td><td>农产品短视频营销实战</td><td>学时</td><td>12</td><td>学分</td><td>0.3</td></tr>
<tr><td>职业技能等级</td><td colspan="2">中级</td><td colspan="3">职业能力</td><td colspan="4"></td><td>子任务数</td><td>4个</td></tr>
<tr><td>序号</td><td colspan="4">评价内容</td><td colspan="6">评价标准</td><td>分数</td></tr>
<tr><td>1</td><td colspan="4">短视频营销优势</td><td colspan="6">熟悉短视频营销的特点和优势</td><td></td></tr>
<tr><td>2</td><td colspan="4">农产品短视频制作</td><td colspan="6">能够制作农产品短视频作品</td><td></td></tr>
<tr><td>3</td><td colspan="4">农产品短视频营销推广</td><td colspan="6">掌握农产品短视频营销推广的策略</td><td></td></tr>
<tr><td>4</td><td colspan="4">短视频数据监测和分析</td><td colspan="6">能够利用数据分析对营销效果进行复盘与优化</td><td></td></tr>
<tr><td rowspan="2">考核评价</td><td colspan="10">项目整体分数（每项评价内容分值为1分）</td><td></td></tr>
<tr><td colspan="11">指导教师评语</td></tr>
<tr><td>备注</td><td colspan="11">奖励：
1. 按照完成质量给予1～10分奖励，额外加分不超过5分。
2. 每超额完成1个任务，额外加分3分。
3. 巩固提升任务完成优秀，额外加分2分。
惩罚：
1. 完成任务超过规定时间扣2分。
2. 完成任务有缺项每项扣2分。
3. 任务实施报告编写歪曲事实，个人杜撰或有抄袭内容不予评分。</td></tr>
</table>

学习成果实施报告书

<table>
<tr><td>题目</td><td colspan="5"></td></tr>
<tr><td>班级</td><td></td><td>姓名</td><td></td><td>学号</td><td></td></tr>
<tr><td colspan="6">任务实施报告</td></tr>
<tr><td colspan="6">简述本工作任务学习过程中完成的各项任务，描述任务规划以及实施过程，遇到的重难点以及解决过程，跟踪并记录短视频传播效果等，字数要求不低于800。</td></tr>
<tr><td colspan="6">考核评价（按10分制）</td></tr>
<tr><td colspan="3" rowspan="2">教师评语：</td><td>态度分数</td><td colspan="2"></td></tr>
<tr><td>工作量分数</td><td colspan="2"></td></tr>
<tr><td colspan="6">考评规则</td></tr>
<tr><td colspan="6">工作量考核标准：
1. 任务完成及时。
2. 操作规范。
3. 实施报告书内容真实可靠，条理清晰，文本流畅，逻辑性强。
4. 没有完成工作量，扣1分，故意抄袭实施报告扣5分。</td></tr>
</table>

项目8 农产品直播运营实战

学习目标

【知识目标】

◎ 熟悉农产品直播特点和主流平台；

◎ 掌握农产品直播流程；

◎ 掌握农产品直播技巧。

【能力目标】

◎ 能够根据不同农产品特点，撰写恰当的直播文案；

◎ 能够制作一张农产品直播海报；

◎ 能够撰写一场农产品直播脚本。

【素质目标】

◎ 培育并践行社会主义核心价值观；

◎ 深刻认识乡村振兴战略重大意义。

项目概述

【情境描述】

2022年2月，农业农村部印发了《“十四五”全国农业农村信息化发展规划》，规划提到2025年农产品年网络零售额将超过8 000亿元，并指出要快速充实人才队伍，全面推进乡村振兴。

如今，农产品直播将会成为当前青年的创业风口，品牌化、标准化更是农业的机会。×××觉得农产品直播带货是一条具有创新性和开拓性的价值实现途径，他打算认真学习，毕业后投身到火热的乡村振兴事业中。

【场景案例】

农产品直播带货成为新时尚

2020年4月20至23日，习近平总书记在陕西省考察时指出，“电商作为新兴业态，既可以推销农副产品、帮助群众脱贫致富，又可以推动乡村振兴，是大有可为的。”如今，农副产品直播成为乡村发展的有效手段，农民“直播带货”成为乡村新时尚。

2022年中央一号文件提出："实施'数商兴农'工程，推进电子商务进乡村。促进农副产品直播带货规范健康发展。"直播带货从消费端出发，突破了物流、信息流的瓶颈，快速聚合消费者需求，不仅可以指导农产品生产端种植养殖、加工的有效运作，而且有利于促进农产品电商产业带的规模化、标准化和品牌化运作，加速传统农业转型升级。

农产品直播电商前景广阔，不管是新闻主播、明星、网络达人到领导干部，还是农民群众纷纷参与到了直播带货，特别是以市县长为代表的地方领导干部也一改往日严肃形象，频频"出镜"上直播。直播带货让农产品搭上互联网平台，拉近了农民与市场的距离，使农村各类特色农产品卖得更远，卖得更好。

（资料来源：编者依据网络资料改写。）

【课堂讨论】

1. 农产品直播带货的优势有哪些？

2. 农产品直播带货与其他产品直播带货的区别在哪里？

思维导图

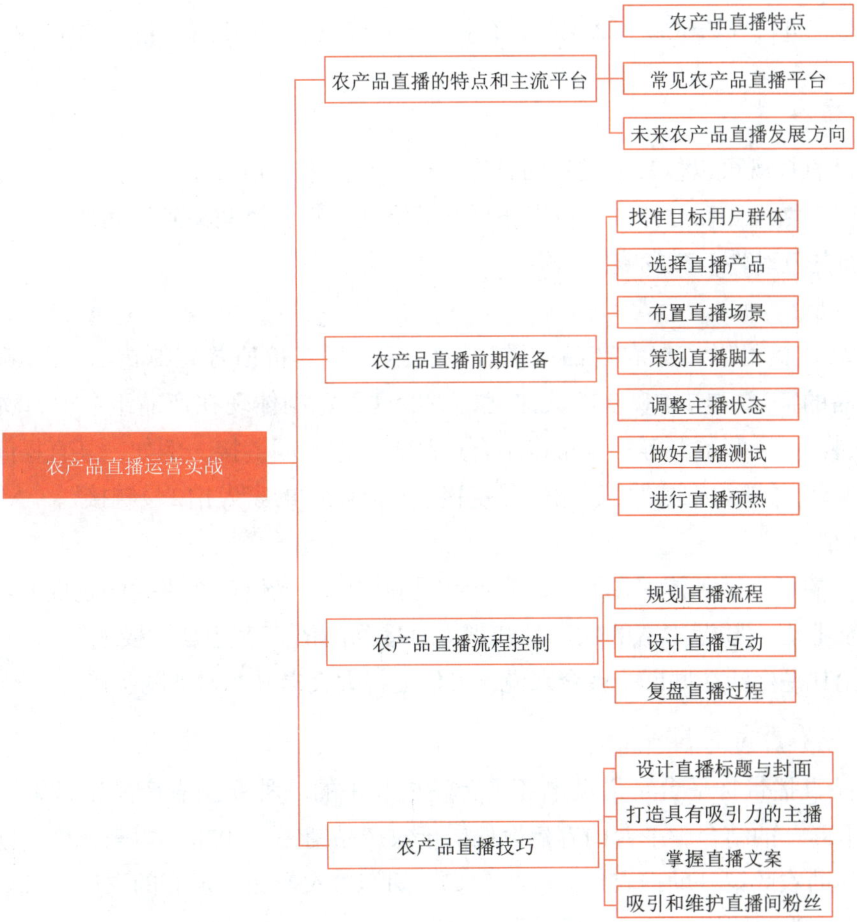

知识准备

8.1 农产品直播的特点和主流平台

农产品直播带货不同于日用品、化妆品等其他品类，具有鲜明的产品特色，决定着直播也会有所差异。

8.1.1 农产品直播特点

农产品直播简单易学、准入门槛低，因此它的参与主体范围比较广泛，农民也可以“放下锄头、拿起手机”进行直播。具体来看，农产品直播有如下特点。

1. 实时性

农产品直播是在实时直播中展示农产品，观众可以实时观看到农产品的真实情况，包括颜色、形状、大小等。除此之外，观众通过直播与卖家的互动也是实时进行的。

2. 真实性

在直播过程中实时展示农产品，由于未经后期加工处理，对直播间观众而言，具有眼见为实，所见即所得的真实感，容易对直播产生信任。除此之外，由于农产品本身的特点，比较适宜进行现场试验、试吃等，有利于进一步营造直播间真实感，提高观众购买的积极性。

3. 互动性

农产品直播既可以像其他类型的直播一样，在直播间通过问答、抽奖、反馈等提高观众的参与度，增强互动性外，还可以拓展互动空间，将直播间搬到田间地头，提高观众与农产品本身的互动性，激发购买欲望。

4. 定制性

农产品直播可以依据农产品的品种、特点、营养价值等定制内容，以满足不同人群对农产品的需求，增加观众的关注度，一般这种定制体现在产品组合上，例如“试吃装”“两人装”“全家福”等；也可以结合产品特点做不同链接，例如，某直播间在售卖橙子时提醒观众，“喜欢吃酸的家人拍1号链接；喜欢吃甜的家人拍2号链接”。

5. 可信度

农产品的可信度既体现在展示的农产品是新鲜的，又体现在主播的表现上。如果主播就是农业从业者，掌握丰富的农产品知识，直播间的语言表达是“接地气的”，这对直播间的观众尤其是生活在城市的观众来说，可信度将大大提升，增加购买信心。

8.1.2 常见农产品直播平台

农产品直播带货平台是借助电商平台发展起来的一种新型农产品销售渠道，是“直播”与“电商”的结合，平台内容建设偏向于农产品销售。2020年以来，许多电商和短视频平台启动助农政策，助推农户入驻平台直播间销售农产品。现有的农产品直播带货平台可以分为电商类、短视频类、泛娱乐类三种类型。

电商类农产品直播带货平台以淘宝、拼多多、京东等传统电商平台为代表。短视频类直播带货平台，主要是通过自制短视频进行内容营销，为农产品直播增添文化因素，借助社交互动实现农产品传播，这种类型以快手、抖音等短视频平台为代表。第三种类型是泛娱乐类平台，此类平台以斗鱼（见图8-1）、哔哩哔哩等为代表。本文特别选取拼多多、快手、斗鱼作为三类平台的代表进行分析。

图8-1 斗鱼“丰收看河北”专题直播

拼多多作为电商类直播平台的代表，其聚焦下沉市场的经营策略更易构建起农产品生态圈。拼多多通过“原产地直发”形式，成为农产品上行供应销售的主渠道。目前，拼多多已经成为我国最大的农产品销售平台之一。

快手是社交类电商平台的典型代表，它的用户广泛涵盖乡镇及农村地区，它的主播以普通人居多，因此在农产品直播带货的短视频类型中具有绝对优势。

2017年初，斗鱼在全国直播平台中首开“正能量”板块，在公益与农业板块方面具有较强的流量优势与品牌号召力。目前开设了“红色引擎”“政达光明”“鱼公益善”“遗产中国”“中国光谷”“新三农”等在内的多个直播带货领域，2022年，斗鱼联合中国青年报社举办了共青团“青耘中国·秋收硕果”公益直播助农系列活动，助力当地产业发展与乡村振兴。由于该活动反响热烈、意义深远，被评为了共青团“青耘中国·秋收硕果”公益直播的全国示范性场次。

拼多多、快手、斗鱼三种不同类型直播平台的差异见表8-1。

表8-1 三种不同类型直播平台的差异

直播平台类型	平台代表	直播形式	带货模式	带货效果
电商类	拼多多	拼多多依靠平台直播窗口，将线下真实交易的形式复刻到直播间； 形式单一、操作简单、上手快、门槛低	店铺直播为核心	“商家—物流—消费者”，供应链环节少，农户与消费者链接容易
短视频类	快手	农户通过平台的“社交+内容”属性，以短视频形式呈现农产品真实情境，依托现场直播手段构建人文消费场景	以产地直播模式为主	社交属性强，容易构建忠实稳定的消费生态圈

续表

直播平台类型	平台代表	直播形式	带货模式	带货效果
泛娱乐类	斗鱼	平台激励，知名头部主播进行宣传	以基地走播模式为主	娱乐属性强，丰富了农产品直播的多元消费场景

【课堂讨论】

1．你经常在哪个平台观看农产品直播？

2．打开京东直播、快手直播，分析这两类平台农产品直播的不同之处。

8.1.3 未来农产品直播发展方向

随着网络技术和社交媒体的不断发展，农产品直播作为一种新型的营销方式，具有很大的潜力和发展前景。

首先，随着直播技术的不断改进和应用，农产品直播将越来越普及。越来越多的农民和销售商将利用直播平台来展示和销售自己的农产品，吸引更多的消费者关注和购买。

其次，随着人工智能、大数据和智能硬件等技术的应用，农产品直播将呈现出个性化、定制化和多元化。农民和销售商可以根据不同的消费者需求和偏好，量身定制直播内容和服务，提高销售效果和用户体验。

再次，随着电商平台和直播平台的深度融合，农产品直播将更加数字化和智能化。销售商可以通过平台提供的数据分析和精准营销工具，洞悉消费者需求和行为，精准推荐和销售农产品。

最后，随着全球化的不断深入，农产品直播将更加国际化。越来越多的农产品销售商将利用直播平台向海外市场推广和销售自己的产品，扩大国际市场份额。

8.2 农产品直播前期准备

农产品直播是一项复杂的活动，从策划定位、选品、设备准备、场地布置、策划直播脚本，到准备直播物料、调整主播状态、做直播测试、宣传推广、进行直播预热等都需要做好充分的前期准备工作，确保直播的顺利进行。

8.2.1 找准目标用户群体

找准目标用户群体不仅需要从多个角度进行分析和研究，还需要充分地宣传和推广，以此提升直播的品质和用户体验，以便吸引更多的用户参与。在直播平台找准目标用户群体需要进行以下四个方面的工作。

第一，需要依据自己要直播的内容，确定匹配的用户群体，如年龄、性别、兴趣爱好、消费能力等。

第二，由于不同的直播平台用户画像不同，需要了解平台的用户群体特点和兴趣爱好，以便进行精准的定位和营销策略的选择。

第三，要认真研究竞品的直播内容和受众，了解其直播策略和用户互动情况，以用来分析同类用户的喜好和需求，以便规划自己的直播内容。

第四，除了以上做法，直播运营还会通过直播平台提供的数据分析工具，辅助人群定位。常见的数据分析工具有生意参谋、抖音电商罗盘、阿里妈妈、巨量引擎等。

8.2.2 选择直播产品

选择合适的直播产品需要从市场需求、产品质量、品牌知名度、适合直播的产品、成本和利润、反馈和口碑等多个方面综合考虑，最终能够选择出既满足消费者需求又能带来直播间利润的农产品。

一般来说，可以借助各电商平台提供的数据分析工具开展市场调查，了解目前市场上的热门产品和消费者需求趋势。在应季的农产品选择上，还需要考虑农产品的产地、仓储物流条件等。

产品质量是影响消费者购买的关键因素之一，确保产品的品质和口感符合消费者的期望，才有可能吸引更多消费者的回购。

品牌知名度也是影响消费者购买的关键因素之一，选择知名度较高的品牌能够提高消费者的购买信心。例如，地理标志农产品就是“金字招牌”，截至2022年10月，我国累计批准地理标志产品2 495个，累计注册地理标志商标7 076件，在建国家地理标志产品保护示范区达到103个，覆盖18个中西部省份以及多个国家乡村振兴重点帮扶县，保护了一批高附加值的地理标志产品。截至2024年，像安吉白茶、赣南脐橙、山西老陈醋、郫县豆瓣等275种地理标志产品拿到了“国际通行证”，被摆上欧洲消费者餐桌。

另外，选择具有视觉效果好、口感层次丰富、易于在镜头下展示的农产品，更容易吸引观众的兴趣和注意力。

一般直播间的选品注重价格组合，因此选品还需要考虑产品的成本和利润，选择成本适中、利润空间较大的产品，能够在保证利润的同时吸引消费者购买。

了解产品的反馈和口碑也是选择直播产品的重要依据，可以通过阅读用户评论和评价，了解产品的优缺点和用户的需求和反馈，进行专场定制。一些电商达人的农产品直播更像是做农产品的买手直播，他们会去各产区进行选品直播。

8.2.3 布置直播场景

直播间的整体搭建决定了消费者进入直播间的第一观感，农产品直播场景的布置需要从场地、设备、产品陈列、道具搭配、摄像机角度等方面进行整体搭配，以便达到更好的直播效果和吸引力，提高观众的参与度和满意度。

1. 场地

农产品直播以户外直播效果最好，有条件的带货直播应优先考虑户外直播。这是因为在户外直播中，主播可以利用农产品的生长环境、采摘过程营造体验式销售氛围，令观众身临其境，满足观众对产品的好奇心。户外直播的场地应选择背景干净切题、信号好的地方，以免直播被打断，如图8-2所示。

但户外场地容易受到环境、天气、网络等影响，因此也需根据情况布置室内直播场地。室内直播场地的大小要根据直播的内容进行调整，一般控制在8～20 m^2。个人主播场地标准为8～15 m^2，团队直播场地标准为20～40 m^2。

为营造真实感，室内场所要注意直播间背景的布置，最好选择简洁、干净、舒适的背景，避免太过花哨或复杂，以免分散观众的注意力；室内直播间也可以选择在门店、库房等搭建，但直播间风格要依据直播内容进行定位，如图8-3所示。

图8-2 农产品户外直播

图8-3 农产品室内直播

2. 设备

直播要想能够呈现完美的画面，直播间设备至少要满足三个要求：高清、平稳、低延迟。设备主要包括视频摄像头、耳机、话筒、声卡、灯光设备、手机、支架等。

3. 产品陈列

直播场景需要展示直播的产品，应考虑产品的摆放位置和展示方式，以便产品能够充分展现其特点和优势。直播间常见的陈列方式是采用标识或标签，即为每种产品配备标识或标签，标注产品的名称、产地、品质、价格等信息，观众可以全面了解产品，方便他们决策购买。

对于某些需要具体操作或烹饪的产品，可以进行现场示范，以增强购买意愿。

4. 道具搭配

合适的道具能够提高直播的视觉效果和吸引力。比如，可以在直播间中布置一些农具、食材加工工具、食品展示的盘碟、鲜花绿植等，来营造直播间的氛围。除此之外，模拟农场、果蔬展示架、广告海报等，也可以用来突出直播间产品的特点和优势，增加观众的购买欲望，如图8-4和图8-5所示。

图8-4　现场烹饪的直播展示

图8-5　东方甄选自营产品直播间

5．摄像机角度

摄像机角度对于直播效果也有很大的影响，合适的角度和镜头能让观众清晰地看到产品和主播，并保持视觉上的变化和趣味。一般来说，根据摄像机镜头与被摄主体在垂直平面上的相对位置或相对高度，分为俯拍、平拍和仰拍，如图8-6所示。

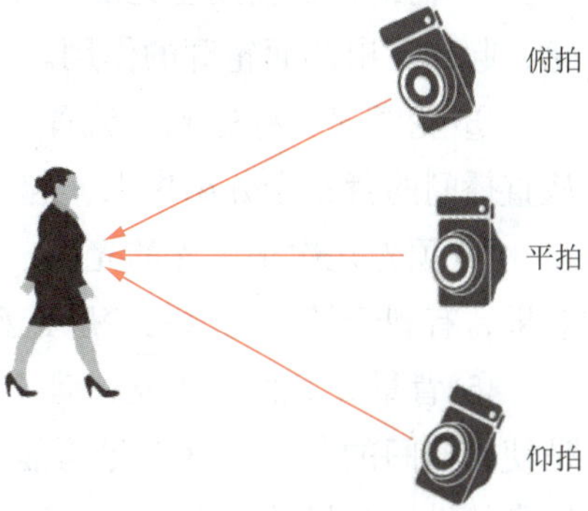

图8-6　拍摄角度

农产品直播通常采用平拍，这一个镜头中的被摄主体不易变形，画面也更加稳定。但是这种拍摄角度会让主播缺乏立体感，显得脸庞大。因此可以采用打侧光、侧脸拍摄、化妆等方式来减少这种负面效应。

在实际拍摄中，拍摄又分为正面方向拍摄、斜侧方向拍摄、正侧方向拍摄和背面方向拍摄。这种划分方式是以被摄主体为中心，摄像机镜头在同一水平面上围绕被摄主体四周选择拍摄点，如图8-7所示。

直播视频通常采用正面方向拍摄，这样有利于捕捉主播完整的脸部特征和肢体动作，有利于主播和观众进行面对面交流，使观众产生亲切感、参与感。有时直播为了凸显空间和产品的真实感，也会采用背面方向拍摄，这种拍摄是指直播画面的呈现方向与被摄主体的视线方向一致。

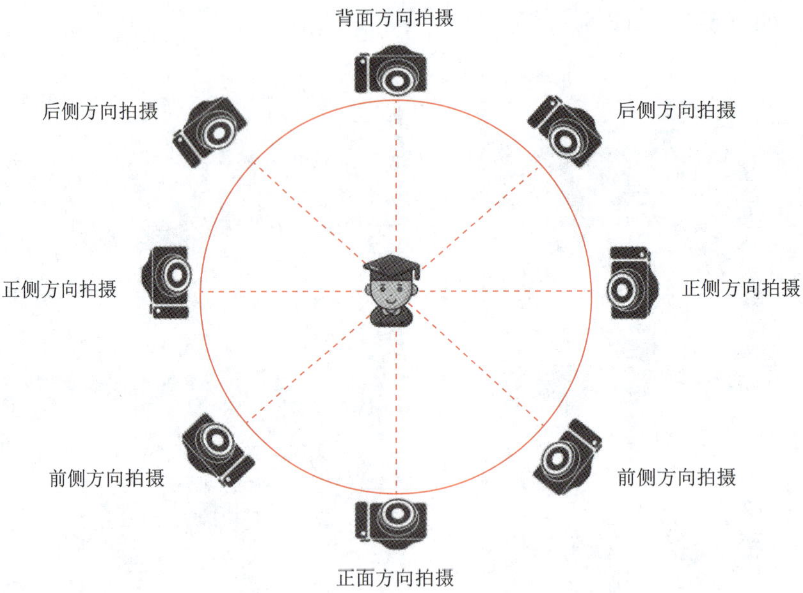

图8-7　拍摄方向

6．调试直播灯光

农产品直播间的布光是直播场景设计的一个重要部分，好的布光能够使直播画面更加生动、自然，让观众有身临其境的感受；而且还能够营造气氛、塑造视频画面风格、为主播和产品美颜。

按照光线造型作用来分，可将灯光分为主光、辅助光、轮廓光、顶光和背景光。不同的布光，创造出来的效果也不同。

① 主光是主导光源，决定着视频画面的主调。同时，主光也是照射主播外貌和形态的主要光线，是灯光美颜的第一步。在布光时，要先确定主光，再去根据实际情况添加辅助光、背景光、轮廓光等。

② 辅助光是辅助主光的灯光，从主播侧面照射过来的光，使用辅光能够增加整体立体感，起到突出侧面轮廓的作用。

③ 轮廓光又称逆光，放置在主播的身后位置处，可以明显地勾勒出主播轮廓，将主播从直播间的背景中分离出来，起到突出主体的作用。

④ 顶光是次于主光的光源，从头顶位置照射，给背景和地面增加照明，同时加强瘦脸效果，有利于塑造主播的轮廓造型。

⑤ 背景光又称环境光，是主播周围环境及背景的照明光线，主要作为背景照明，目的是使直播间的各点照度都尽可能地统一，起到让室内光线均匀的作用。但实际布光中，背景光的设置要尽可能采取低亮度、多光源的方法。

8.2.4　策划直播脚本

直播脚本是影响直播活动成功与否的关键因素之一，是直播目标具体化的体现。详细清晰的脚本设计是流程管理、过程管理和直播复盘的依据。策划农产品直播脚本需要结合产品特点、直播平台特点、观众需求等方面进行考虑。直播脚本策划要点见表8-2。

表8-2 直播脚本策划要点

脚本内容	说　明	操作要点
直播目标	要明确目标。常见的直播目标有：拉新用户积累粉丝、提升转化数据、提高销售额等	根据自身需求进行单场目标设定
直播时间	要明确开播和下播的时间	根据定位和产品情况规划直播时长； 一般开播时间为固定的； 下播时间要准时； 下播时还需要考虑直播间的场观在线数据
直播地点	明确直播地点	依据情况来确定是室内还是室外
直播主题	使用户了解直播信息，如“××× 丰收节”	10字以内的文案撰写，通过参与度、话题性、吸引度等引发用户关心和点击
商品数量	注明农产品数量	样品要提前备好
主播介绍	介绍主播的名字、身份	寻找可宣传的亮点
人员分工	明确参与人员的职责，如主播负责讲解商品、演示商品功能、引导用户关注、下单等；助理负责协助主播与用户互动、回复用户问题等；场控负责产品上下架、修改产品价格等	根据直播脚本，做好角色分工协作
流程设计	根据详细规划的时间节奏在对应的节点铺设活动、商品上架、互动等环节	常规的开场预热、商品讲解、用户互动、结束预告等玩法都要精心设计。其中活动玩法的介绍要清晰易懂，确保用户无异议；产品介绍要重点强调产品的特点和优势，比如原产地、品质、营养价值等，让观众更加清晰地了解产品的特点和价值
注意事项	说明直播的注意事项	如设备调试、物料准备等
直播复盘	数据分析、经验总结	可以通过录制直播的形式，下播后要立即进行复盘

8.2.5 调整主播状态

一旦进入直播的场景，为了达成直播目的，主播首先要在情绪、情感上做好准备工作。

首先，主播在情绪上要做到稳定，在面对直播内外或者是自身状况，都应该做到情绪稳定，冷静应对，避免情绪失控影响直播效果。

其次，主播在情感上要热情有礼，这一方面符合观众对农民的期待，另一方面热情有亲和力的主播，更容易活络直播间的氛围。

除了在情绪和情感上做好准备外，主播在日常工作中还需要强化自己对农产品生产、加工、质量等方面的知识，这样才能在每场直播中为观众传递有价值的信息；注重培养自己的谈吐气质，主播的言辞应该清晰、得体，不使用粗俗语言和不恰当的笑话；注重提升个人形象气质，主播应该时刻注意外表形象的整洁、得体、专业，处处展现职业形象和亲和力。

8.2.6 做好直播测试

为保证直播的顺利开展，正式开播前还需要做好直播测试，具体要完成以下工作。

1. 测试网络连接

在正式直播之前，应该测试网络连接的速度和稳定性，以确保直播过程中不会出现卡顿、断线等问题，确保网络终端传输正常。

2. 准备好直播道具

直播道具由展示产品、周边及宣传物料三部分组成。

产品既包括当场直播售卖产品还包括与该产品相关的周边，如盛放食物的器皿等。直播前要准备好直播中使用的产品样品（产品堆头）、展示架、宣传海报、详情页等一系列以产品为中心的物料。而宣传物料范围较广，包括定制化的海报、台标、胸卡、贴纸、气球等一系列直播中需要的物料。

3. 检查场地环境

检查场地环境，确保环境整洁、安全，没有干扰直播的噪声和杂物；同时要根据场地，调整摄录位置、灯光布光等。

4. 准备好直播脚本

为了保证直播内容的连贯性和完整性，需要事先准备直播脚本，检查产品上播顺序、产品卖点介绍、直播活动玩法等，确保直播过程中不会出现遗漏或重复的情况。

5. 测试直播效果

测试音视频效果，确保声音清晰、画面清晰，以便观众更好地了解产品和信息。测试主播、助播、运营的互动，测试和观众的互动，如问答环节、抽奖环节的设置是否顺畅。

对于大型直播活动，有必要在直播前进行一次预演，模拟直播过程，找出可能出现的问题，做好应对措施。

8.2.7 进行直播预热

1. 直播预热的意义

农产品直播时进行预热非常有必要，一方面可以提高直播的热度、影响力和可信度，同时也方便观众参与，保证直播的效果和质量。

直播预热可以提前宣传直播内容、时间、地点等信息，吸引更多观众的关注，提高直播的热度和影响力。

直播预热可以通过社交媒体如微信、微信朋友圈、微信公众号、微博、抖音、小红书等渠道，将直播信息传播到更多的人群，扩大观众范围，增加直播的曝光率。

直播预热可以让观众提前了解主播的资质、产品的品质、直播的内容等信息，建立观众对主播和产品的信任，提高直播的可信度。

直播预热可以告知观众直播的时间和互动环节，方便观众准备好直播间的提问，有利于观众说出需求，提高直播的互动性和参与度。

直播预热可以提前解决可能出现的问题，如网络连接、设备故障、场地环境等，保证直播的效果和质量。

2. 农产品直播预热的方法

农产品直播预热的方法非常多元，要依据自身直播目的和效果、直播预算进行选择。

最常用的直播预热方法是通过社交媒体平台，如微信、微博、抖音、快手等，发布相关的预告片、宣传海报等，提前预告直播的时间、地点和内容，展示即将直播的产品、场景、互动环节等，吸引观众的关注。

可以邀请一些有影响力的嘉宾、专家、网红等，在社交媒体上分享直播信息，借助流量互推，增加直播的曝光度和热度。

可以将直播信息通过粉丝社群、短信等方式发送给已有客户或订阅者，提醒他们关注直播的时间、地点和内容。

还可以在直播账号上做直播预告，增加观众的期待感；在直播间内，也可以通过装饰一些相关的宣传海报、开播提醒的口播等方式，增进直播间的关注度。

8.3　农产品直播流程控制

直播流程控制对于一场直播顺利进行并达到预期效果至关重要。一般来说直播流程控制就在于对直播时间的掌控、对直播内容的掌控、对直播过程的掌控以及直播后的总结反馈。

8.3.1　规划直播流程

凡事预则立，直播规划做得细致直播时才能更加从容。具体可以按照直播前、直播中、直播后三个阶段六个步骤进行规划，见表8-3。

表8-3　直播流程三阶段六步骤

规划阶段	步　骤	描　述
直播前	直播策划	确定直播目标、直播时间、直播地点、直播内容、产品品类、产品特点、主播、嘉宾、直播团队等
	直播推广	通过社交媒体、短视频、社群等多种渠道预热，吸引观众订阅关注
	直播准备	搭建直播间、测试设备、准备样品、周边、物料等
直播中	直播内容	主播介绍展示产品、与嘉宾互动、与观众互动、下单引导、游戏玩法、福利抽奖等
直播后	直播复盘	数据分析、直播经验总结
	N次传播	通过直播回放、社交媒体、社群分享等多次推广，扩大影响力，维系客群关系、提高影响力和销售额

8.3.2　设计直播互动

农产品直播需要注重活动环节的策划和设计。有趣、有吸引力的互动活动，可以吸引更多的观众参与直播，能够提高直播的人气和观看率，增加直播的影响力和曝光度，进而提高直播的影响力和销售转化率。

1. 直播互动的重要性

观众参与互动会更容易留下深刻的印象。通过设置有效的互动可以增强观众的记忆力和认同感，提高观众对直播间的忠诚度和口碑效应。

在互动环节，主播可以向观众收集反馈意见和需求，进一步了解观众的需求和心理，提高直播的针对性和用户体验，如有主播说“大家想看榴莲还是芒果，在公屏上告诉我，我给大家盲切一个。”

除此之外，互动环节不仅可以增加观众的参与度和黏性，还可以通过抽奖、折扣、福利、礼品等方式刺激观众在直播间停留，提高销售转化率。如有直播间说，“进入直播间的家人，左上角福利领一下，9.9元2个新鲜椰子包邮到家，还有10分钟开奖，赶快去领。”

2．直播互动设计方法

对于主播来说，积极与观众互动，能够调动直播间氛围，与直播间观众建立良好的信任关系。一般来说，直播间常见的互动方法有以下几种。

① 利用礼物和优惠券。在直播间中设置礼物和优惠券等抽奖活动，鼓励观众在收看直播时积极参与互动，一方面可以提高观众的参与度，吸引观众的兴趣；另一方面也能提高观众在直播间的停留时间。

② 聊天问答互动。主播可以通过发起话题、提出问题或者回答直播间观众的提问，有效引导观众参与互动，解决直播间观众的疑惑，增进互动的质量。例如，有主播说，“大米平时就是用来蒸煮，怎样做营养价值才会最高？有没有家人知道？公屏上告诉主播。主播给你分享最大限度发挥大米价值的小技巧。”

商品推介时在直播间展示和介绍各种农产品时，引导观众下单并回复，可以塑造直播间农产品的优质和稀缺。例如，有主播说，“咱们是在原产地的，水土决定了这个产品不高产。家人们，今天直播间只有 × × 单，在1号链接赶紧下单，抢完不补单。”

8.3.3 复盘直播过程

直播复盘是指对于之前的一次直播进行回顾和总结，以便更好地了解观众的反应，为一场直播内容的优化，直播效果的达成做准备。通过对直播营销数据和用户反馈的分析，运营团队可以得出较为准确、客观的结论；通过观看直播回放，直播团队对直播过程中发现的问题进行讨论，并提出改进方案，进而梳理成可以参考的经验性文字，为下一次直播活动提供案例参考。

直播复盘的直播数据分析主要是利用直播中形成的客观数据进行复盘，比如直播时段、观看人数、观看时长、点赞数、评论数、累计订单量和成交额、分时段人流量、促销活动人群变化等，这些数据可以从直播平台的后台或第三方分析工具中获取。

直播经验总结主要是从主观层面对直播过程进行分析和总结，分析的内容包括直播流程设计、团队协作效率、主播现场表现等。这种主观经验总结一般采用自我反思、团队讨论的方式进行，并将其整理成经验手册，为后续开展直播活动提供有效的参考。

8.4 农产品直播技巧

农产品直播要想实现预期的效果，需要不断地总结经验，在实践中提升直播技能。

8.4.1 设计直播标题与封面

直播的标题和封面犹如直播的门面，标题和封面可以吸引更多潜在观众观看直播，提高直播的观看率和销售量。

① 简洁明了。农产品直播间的标题应该简洁明了，准确地传达直播的主题和内容，让观众一眼看出你的直播内容。

② 突出产品特点。标题和封面应该突出农产品的特点和卖点，吸引潜在消费者的注意力，增加观看率，如标题中体现原产地、口感、营养成分等可以提高产品在消费者心中的认知和美誉等。

③ 突出品牌。如果你是品牌方或代理商，可以在标题和封面中突出品牌的形象，提高品牌的知名度和影响力。

④ 封面美观大方。封面应该具有美观大方的特点，封面的图片要具备高质量、高清晰度、高色彩还原度等特点，能够让消费者更好地了解产品、吸引注意力。

⑤ 直播时间和地点。在标题和封面中标明直播的时间和地点，能够让观众更好地了解直播的时间和地点，增加观看率。

【课堂讨论】

1．分小组在网络上下载直播宣传海报、截图直播间首屏，思考直播封面设计要包含哪些元素？直播标题的写作特点有哪些？

2．以小组为单位，设计一张校园公益助农直播宣传海报。

8.4.2 打造具有吸引力的主播

农产品直播间的主播需要通过直播、短视频形式为观众提供农产品的真实展示和推广，为观众提供透明、可靠的购买渠道。与其他产品主播相比，具有吸引力的农产品主播需要具备一定的农产品和农业行业知识，能够深入了解农产品的品种、生长过程、加工方式、食用方法、品质品鉴的技巧等。此外农产品主播还需要具备良好的信誉和口碑，以及对社会责任的认识和担当。

8.4.3 掌握直播语言表达技巧

【课堂讨论】

1．有人曾在“东方甄选”主播董宇辉的直播间，下单了四袋大米。董宇辉说，“我没有带你看过长白山皑皑白雪，没有带你去感受过十月田间吹过的微风，没有带你看过弯下腰，犹如智者一般的谷穗儿，没有带你去见证这一切，但是亲爱的，我想让你品尝一下这个大米。浪漫不止星空花海，还有烟火人间。”该段直播文案有哪些特点？

2．与组员一起，模仿设计一段宁夏枸杞的直播文案，并现场演示。

优秀恰当的直播文案可以提高信息传递效率，使消费者更容易理解并接受相关信息；还可以提高消费者直播间的互动体验和购买意愿；实现农产品的差异化营销，从而满足不同消费者的需求。有针对性的直播文案还可以突出品牌风格和形象，从而建立品牌口碑和忠诚度，提高销售转化率。

一般来说，设计农产品直播文案，可以从以下几个维度着手。

① 介绍农产品的特点：主播可以介绍农产品的产地、品种、生长环境等，通过展示农产品的地域特色来吸引消费者关注。

② 展示农产品的品质：主播可以在镜头前展示农产品的外观、大小、颜色、口感等细节，让消费者更加直观地了解产品品质。

③ 讲解农产品的营养成分：主播可以介绍农产品的营养价值、功效等，让消费者了解到购买该农产品的健康益处。

④ 演示农产品的加工方法：主播可以演示农产品的加工方法，如烹饪、制作果汁、搭配食用等，进一步展示产品的多样化用途。

⑤ 推荐农产品的搭配：主播可以推荐不同农产品之间的搭配组合方式，如水果拼盘、蔬菜沙拉等，让消费者既了解到产品的多元性，还可以对其他产品软推广。

⑥ 强调农产品的安全保障：主播可以强调农产品的种植方式、环保措施、检测标准等，让消费者对产品的安全性更有信心。

⑦ 提供优惠活动或折扣：主播可以通过提供优惠活动、折扣、比价等方式，吸引消费者购买农产品。

整体上，直播文案要求语言表达清晰简洁，避免太过冗长的书面语、过多的废话和口水词。

8.4.4 吸引和维护直播间粉丝

要在众多农产品直播间的竞争中，成功吸引消费者并能够建立长久的关系，增加消费者的复购，不仅需要为消费者提供有质量、有期待的产品或内容；而且还需要直播间运营有着长远眼光，增进与消费者的日常沟通。

1. 提供优质产品和服务

产品和服务的质量是所有经营主体的生命线，对于直播间也不例外，提供优质产品和高质量的服务，是吸引和保持粉丝的关键。优质产品是基于产品本身，需要直播间从源头做好选品工作，挑选高质量、新鲜的农产品；优质的服务不仅包括售前、售中、售后服务，还包括能够提供发现观众需求痛点、引发观众的共鸣和参与、让观众产生归属感的服务。比如，可以分享种植、养殖等经验，介绍激发新鲜农产品营养价值的做法等。

2. 提供有期待的产品或服务

一方面，直播间可以通过实时回答观众的问题、关注观众的留言、设计互动环节、提供小礼品、福利等方式，增强主播与观众之间的互动和联系，增加粉丝黏性，让消费者感到被重视；另一方面，直播间还可以不断尝试新的直播手段、文案和形式，为粉丝带来新鲜感和惊喜，从而保持他们的兴趣和忠诚度。

3. 保持日常沟通

直播间运营者可以采取多种运用手段建立社交媒体矩阵和粉丝社群，维系日常的有质量沟通和互动。具体可以通过不断更新内容，与消费者进行交流、分享和互动，促进观众与主播之间的沟通和合作；还可以针对粉丝推出一些特别福利或优惠，如预售、抽奖、积分兑换等方式，让粉丝感受到被重视和关爱，增强用户黏度，提高社群活跃度。

思政园地

数字下乡，农货上行

艾媒咨询发布的《2023年中国乡村数字经济发展专题研究报告》详细介绍了中国乡村数字经济的标杆案例。以拼多多平台为例，“农云行动”是拼多多引导农产区“数实融合”的重要举措。2023年，拼多多发起农云行动，深入山西、四川、陕西、云南、湖北、福建、山东、江苏等农产带，为当地商家提供电商运营专场培训及一对一定向运营指导，助力乡村产业振兴与就业增长。“农云行动”也被国家发改委中国城市和小城镇改革发展中心评为“全国县域振兴典型案例”。

拼多多还通过联合科研机构制定系列农产品质量标准体系、发起“多多农研科技大赛”“百亿农研专项”，努力推动农业科技进步，助力提升农产品的标准化程度和生产技术。

通过各式各样的学堂培训，大力扶持95后“新新农人”。目前已有超过12.6万“新农人”，在涉农商家中占比超13%。据报告称，每位“新农人”平均可以带动5~10名95后参与电商创业，创造岗位超过50万个。

如今，发力数字经济是大势所趋，相信会有更多具备高学历、懂经营、会管理的青年人才返乡创业，推动乡村数字经济产业可持续化发展。

项目实施

任务8.1 开展一场农产品直播

步骤1：以小组为单位，构建基础直播团队架构，撰写岗位分工单，见表8-4。

表8-4 直播团队分工单

岗　位	负 责 人	分　工
运营		
策划		
主播		

步骤2：制作直播宣传海报与视频。

步骤3：完成一场不低于1小时、必须有人出镜的直播；直播要保存。

步骤4：进行直播复盘，撰写复盘总结。

任务8.2 撰写农产品直播文案

步骤1：查阅地理标志农产品目录。

步骤2：运用选品知识，为直播间选择一款单品。

步骤3：从不同维度撰写2条不少于200字的直播文案。

步骤4： 自拟角色在镜头前进行口述，并录制视频。

步骤5： 查阅视频，复盘并修改文案。

项目小结

根据本项目的要求，学生首先要对农产品直播平台有基本的认知；其次，对农产品直播的前、中、后期的流程有深刻的认识；最后能够掌握具体的农产品直播技巧。

在掌握了这些基础知识后，学生能够学以致用，能够根据实际情况对三类直播平台了解并选择一个进行主要实训平台，组建直播团队，完成实训任务，加深对农产品直播认识，为未来投身农产品电商行业储备工作技能。

拓展知识

在直播带货初期，直播团队人数视具体情况而定。一般来说直播带货初期阶段，至少需要一个主播和一个客服，负责直播策划、产品选购、平台操作、售后物流等工作。

但一般情况下，一个标准的直播团队有主播、助播、运营、场控、摄像师/导播、美工/设计师、数据分析师、客服等，各成员的职责见表8-5。

表8-5　标准的直播团队构成

直播团队成员	职　责
主播/助播	主持直播、推销售卖产品、互动沟通等
运营人员	直播策划、产品选购、直播平台操作、社交媒体内容运营等
场控	协调直播间的互动，确保直播内容顺利推进；引导直播间观众参与互动；监控直播间的发展，及时处理故障和问题；确保直播过程中各方遵守行业规范和法律法规，确保直播安全
摄像/导播	设置画面、调度镜头、布光等，确保画面清晰、流畅
美工/设计师	直播场景搭建、视觉设计、宣发物料设计等，提升直播效果
数据分析师	数据监测、分析用户行为等，为直播优化提供数据支持
客服	回答用户咨询、处理售后等问题

知识巩固

一、单选题

1. 农产品直播中，(　　)不是提高销售的有效策略。
   A. 设置创新的互动玩法　　B. 主播状态积极，设置恰当的文案
   C. 提供优惠促销活动　　D. 增加产品价格
2. 在农产品直播中，以下(　　)不是建立品牌形象的方法。
   A. 直播场地的系统搭建　　B. 注重消费者反馈口碑
   C. 选品注重质量　　D. 夸大广告宣传
3. 在直播复盘中，以下(　　)方法可以更好地发现问题并进行优化改进。
   A. 将所有问题全部列出　　B. 随意点评或指责

C. 向其他主播请教　　　　D. 逐一分析并提出可行解决方案

4. 对于直播间中产生的数据和反馈，以下（　　）不是进行复盘应该考虑的因素。

A. 观众数量和留存量　　　　B. 销售额

C. 产品品质和售后服务　　　　D. 弹幕和用户评论

5. 农产品直播的（　　）环节对于直播的成功起到至关重要的作用。

A. 直播前的准备工作和策划安排　　　　B. 直播过程中的主播表现

C. 直播后的回访和用户管理　　　　D. 直播平台的选择

二、填空题

1. 一般来说，根据摄像机镜头与被摄主体在垂直平面上的相对位置或相对高度，分为________、________和仰拍。

2. ________是主导光源，决定着视频画面的主调。

3. 直播道具由展示________、周边及________三部分组成。

4. 农产品直播中，最常用的直播平台有________平台，以京东、淘宝为代表；________社交类直播平台，以抖音、快手为代表；还有娱乐性直播平台，如斗鱼。

5. 直播中，主播要经常与观众进行________，包括回答观众提问、发起话题、抽奖发礼品等。

三、简答题

1. 农产品直播，如何提高用户的留存率和参与度？

2. 在直播复盘中，你认为应该重点关注哪些数据指标？

拓展任务

假设你们小组正在为一家宁夏农产品品牌组建一个直播带货团队，该团队需要在国内主流直播平台进行直播带货，在一个月内至少完成10场直播，每场直播不少于1个小时。请简要说明你们的团队构成，并列举各个成员的主要职责。

笔记栏

项目评测

学习成果达成与测评

<table>
<tr><td>学号</td><td></td><td>姓名</td><td></td><td>项目序号</td><td></td><td>项目名称</td><td>农产品直播运营实战</td><td>学时</td><td>8</td><td>学分</td><td>0.2</td></tr>
<tr><td>职业技能等级</td><td colspan="2">中级</td><td colspan="3">职业能力</td><td colspan="4"></td><td>子任务数</td><td>3个</td></tr>
<tr><td>序号</td><td colspan="3">评价内容</td><td colspan="7">评价标准</td><td>分数</td></tr>
<tr><td>1</td><td colspan="3">农产品的直播特点</td><td colspan="7">熟悉农产品直播特点和主流平台</td><td></td></tr>
<tr><td>2</td><td colspan="3">农产品直播过程</td><td colspan="7">熟悉完整农产品的直播过程</td><td></td></tr>
<tr><td>3</td><td colspan="3">直播流程控制和技巧</td><td colspan="7">掌握直播技巧和直播流程控制方法</td><td></td></tr>
<tr><td rowspan="2">考核评价</td><td colspan="10">项目整体分数（每项评价内容分值为1分）</td><td></td></tr>
<tr><td colspan="11">指导教师评语</td></tr>
<tr><td>备注</td><td colspan="11">奖励：
1．按照完成质量给予1～10分奖励，额外加分不超过5分。
2．每超额完成1个任务，额外加分3分。
3．巩固提升任务完成优秀，额外加分2分。
惩罚：
1．完成任务超过规定时间扣2分。
2．完成任务有缺项每项扣2分。
3．任务实施报告编写歪曲事实，个人杜撰或有抄袭内容不予评分。</td></tr>
</table>

学习成果实施报告书

<table>
<tr><td>题目</td><td colspan="5"></td></tr>
<tr><td>班级</td><td></td><td>姓名</td><td></td><td>学号</td><td></td></tr>
<tr><td colspan="6">任务实施报告</td></tr>
<tr><td colspan="6">简述本工作任务学习过程中完成的各项任务，描述任务规划以及实施过程，遇到的重难点以及解决过程，撰写任务直播复盘报告等，字数要求不低于800。</td></tr>
<tr><td colspan="6">考核评价（按10分制）</td></tr>
<tr><td colspan="3" rowspan="2">教师评语：</td><td>态度分数</td><td colspan="2"></td></tr>
<tr><td>工作量分数</td><td colspan="2"></td></tr>
<tr><td colspan="6">考评规则</td></tr>
<tr><td colspan="6">工作量考核标准：
1. 任务完成及时。
2. 操作规范。
3. 实施报告书内容真实可靠，条理清晰，文本流畅，逻辑性强。
4. 没有完成工作量，扣1分，故意抄袭实施报告扣5分。</td></tr>
</table>

参 考 文 献

[1]晓艳，王敏，钱永忠，等. UN/ECE农产品质量标准化工作研究及启示[J]. 世界农业，2011，392（12）：38-43.

[2]刘飞，汤太祥 . 媒体融合视域下文案写作的创新路径研究[J]. 新闻世界，2021（8），10.

[3]休格曼 . 文案训练手册[M]. 杨紫苏，张晓丽，译 . 北京：中信出版社，2011.

[4]张月 . 中国农村电商发展水平对乡村振兴的影响研究[D]. 沈阳：辽宁大学，2022.